Die Kreativ-Projekte-Kiste

Yvonne Wagner

6 Themen
66 Ideen

Verlag an der Ruhr

Impressum

Titel

Die Kreativ-Projekte-Kiste

6 Themen – 66 Ideen

Autorin

Yvonne Wagner

Titelbildmotiv

© jeancliclac/Fotolia.com

Illustrationen

Yvonne Wagner

Verlag an der Ruhr
Mülheim an der Ruhr
www.verlagruhr.de

Geeignet für Kinder von 3–7 Jahren

ISBN 978-3-8346-0634-1

Printed in Germany

Unser Beitrag zum Umweltschutz

Wir sind seit 2008 ein ÖKOPROFIT®-Betrieb und setzen uns damit aktiv für den Umweltschutz ein. Das ÖKOPROFIT®-Projekt unterstützt Betriebe dabei, die Umwelt durch nachhaltiges Wirtschaften zu entlasten. Unsere Produkte sind grundsätzlich auf chlorfrei gebleichtes und nach Umweltschutzstandards zertifiziertes Papier gedruckt.

Inhaltsverzeichnis

Ein paar Worte vorab 5
Weitere kreative Zeitreise-Ideen 7
Reisebilderbuch oder: Tipps zur Präsentation 8
Zu Ihrer Orientierung: Hinweise und Symbole … 10
Rezepte 12

Projekt 1 – **Das Mittelalter 15**

Schwerter, Schilde und Lanzen aus Holz 16
Waffen aus Pappe oder Moosgummi 18
Ritterhelm aus Pappkaschee 21
Brustpanzer, Schienbeinschützer 24
Kettenhemden und Kettenhandschuhe 26
Umhänge und Kapuzen 29
Hut für die Hofdame 31
Fahnen und Wappen 32
Modell-Burg aus Pappe 34
Mittelalterliche Handarbeiten 36
Instrumente für den „Minnesänger" herstellen 38

Projekt 2 – **Das alte Ägypten 41**

Papyrus herstellen 42
Hieroglyphen erfinden 44
Stift aus Schilfrohr oder Holz schnitzen 45
Fächer aus Federn 47
Körbe flechten 49
Lendentuch nähen 52
Dame-Spiel herstellen und spielen 54
Amulette und Schmuck herstellen 56
Keramik und Tonfiguren 58
Masken und Bart 61
Schlappen und Sandalen 63

Projekt 3 – **Im Wilden Westen 65**

Traumfänger 66
Indianerkleidung und Cowboyklamotte 67
Körper bemalen, Kriegsbemalung 69
Pfeil und Bogen 70
Steckenpferde 72
Lassos herstellen 75
Tipi mit Bemalung 77
Blockhütte aus Hölzern 78
Indianerschmuck 79
Kutschen und Planwagen 82
Lederbeutel 84

Projekt 4 – **Dinosaurier 85**

Dino-Tisch 86
Urige Schalentiere für das Fensterbrett 90
Dinowelt als Wandbild 92
Lexikon 95

Inhaltsverzeichnis

Schuhkarton-Schaukasten ... 97
Ausgrabungen und Fossilien ... 98
Urzeit-Mobile ... 100
Dino-Laternen ... 102
Urzeit-Spiel ... 104
Saurier-Marionette ... 107
Dino-Tischset ... 110

Projekt 5 – **Weltraum** ... **111**

Begehbare Rakete ... 112
Fernrohr zum Sternengucken ... 115
Roboter bauen ... 116
Kleine Raketen und Raumschiffe ... 118
Sternengucker-Kasten ... 119
Kaleidoskop ... 120
Mondkrater-Bild oder Mond-Modell ... 123
Windlicht und Weltall-Laterne ... 124
Aliens und Co. ... 126
Laserschwert ... 127
Sonnenschutzbrille ... 128

Projekt 6 – **Fantasieland** ... **129**

Wundersame Hüte und Schuhe ... 130
Fantasiebäume ... 133
Fantastische Täschchen ... 136
Wolpertinger-Spardose ... 138
Verrückte Fahrzeuge aus Holz ... 140
Jalousienbild ... 141
Monotypie ... 142
Wilde Kerle und Monster ... 143
Holztafeln ... 145
Gemälde auf Holz ... 147
Kratz-Fensterbild ... 149

Literatur- und Internettipps ... 151

Ein paar Worte vorab …

Die Sonne grübelt nicht,
warum sie scheine. Sie scheint.
Ihr Leben, Künstler, sei das Deine.

– Christian Morgenstern –

Kreativität – ein Modewort? Heute zählen Bildung und Leistung schon im Krippenalter. So zumindest scheint es, liest man über Bildungspläne und Qualitätsmanagement. Doch all das ist nicht möglich, dürfen Kinder nicht ihre **Kreativität entfalten**. Denn Lernen funktioniert unter anderem, indem Kinder selbstständig Strategien, Problemlösungen und Konstruktionen entwerfen. Der natürliche **Drang, zu spielen, zu forschen und auszuprobieren, steckt in jedem Kind**. Wir, die Erwachsenen, Erzieherinnen und Eltern, müssen es nur zulassen.

Um **Kreativität** zuzulassen, braucht es eine **geeignete Umgebung**. Es muss Kindern erlaubt sein, sich in einem Raum frei zu bewegen, sie sollen keine Angst davor haben, etwas schmutzig zu machen. Kinder wollen frei und impulsiv ihren kreativen Einfällen nachgehen, wir müssen das unterstützen. Kreativität ist nicht nur Malen und Basteln. **Fantasievolles, impulsives, aber auch forschendes, entwickelndes und hinterfragendes Beschäftigen mit verschiedenen Materialien und Themen** ist viel mehr. Geben wir Kindern einen Begriff vor, wie z.B. König, erleben wir mit Bewunderung, was sie daraus machen: Ein Kind malt einen König mit schöner Krone, ein Kind bastelt den König der Tiere – einen Löwen aus Filz und Wolle. Andere Kinder spielen ein Rollenspiel vom Königshof, und ein Kind baut aus Pappe ein großes Schloss. Die Vielfältigkeit ist unbegrenzt.

Kreativität zu fördern, braucht auch **Material, das Kinder anregt**, es zu verändern. So ist es wesentlich effektiver und fantasiefördernder, verschiedene Materialien in Kisten und Schubladen anzubieten, als fertiges Spielzeug. Aus Toilettenpapierrollen, Draht und Wolle basteln sich Kinder selbst Fahrzeuge oder Puppen, wenn man sie lässt. Dass sie dabei ganz „unabsichtlich" ihre Koordination, Fingerfertigkeit (Feinmotorik), aber auch mathematische Grundbegriffe (sortieren, ordnen, abzählen), sprachliche Fähigkeiten und vieles mehr trainieren, zeigt, wie grundlegend wichtig die Förderung der Kreativität ab dem frühesten Kindesalter ist.

Ein paar Worte vorab ...

Was möchte dieses Buch, und was möchte es nicht?

Mit diesem Buch möchte ich Ihnen Mut machen, Kreativität zuzulassen, etwas auszuprobieren, Ihrer **Fantasie freien Lauf zu lassen**. Verstehen Sie die Projekte in diesem Buch als Anregungen, die eine Basis für Ihr eigenes **Weiterspinnen** und natürlich das der Kinder bilden sollen. Als kreative Stütze soll dieses Buch Ihnen und Ihren Kindern helfen, sich ein Thema fantasievoll zu erschließen und dabei **in ferne Zeiten abzuschweifen**. So finden Sie in diesem Buch Anregungen und Tipps, Materialvorschläge und eine Vielfalt an Umsetzungsideen. Nur eines finden Sie hier nicht, und das ist eine verbindliche Schritt-für-Schritt-Anleitung zur Umsetzung der Projekte. In diesem Sinne möchte ich Sie nun ermuntern: **Lassen Sie sich inspirieren**, und begeben Sie sich gemeinsam mit Ihren Kindern auf eine kreative Zeitreise.

Es lohnt sich, mit Kindern auf eine Zeitreise zu gehen ...

Die gedankliche Reise in eine andere Zeit und eine andere Welt ist für die meisten Kinder fester Bestandteil ihrer fantastischen Welt. Es ist sehr abstrakt, sich vorzustellen, dass vor etwa 800 Jahren Ritter lebten, die für ihren König das Land beschützten. Oder auch, dass es in Ägypten Kinder gab, die sich ihr Spielzeug selbst herstellten, wenn sie neben der Arbeit noch Zeit dafür hatten. Kinder empfinden die andere, frühere Zeit als „Magische Welt" und haben Freude daran, sich in diese Fantasiewelt zu begeben. Egal, ob sie sich als ritterliche Helden in ein Rollenspiel stürzen oder aber bunten Federschmuck für ihr Indianerkostüm herstellen, – **im Vordergrund steht das Vergnügen, in eine andere Rolle zu schlüpfen, und der Spaß am kreativen Tun.** Erfahrungsgemäß können Kinder unter drei oder sogar vier Jahren noch nicht viel mit Verkleiden und dem Hineintauchen in eine andere „Welt" anfangen. Zweijährige könnten sogar Angst bekommen, wenn eine vertraute Person plötzlich in ein anderes Gewand schlüpft und sie mit der gewohnten Stimme anspricht. Daher ist es ratsam, in U3-Kindergärten und Krippen sehr behutsam mit Verwandlungen und Verkleidungen umzugehen und die Jüngsten gut vorzubereiten. Sie sollten auf keinen Fall überredet werden, bei solchen Projekten mitzumachen. Besser ist es, wenn sie **nach ihrem Interesse teilhaben dürfen und sich einbringen können**, wenn sie es möchten. Daher haben wir hier zu allen Projekten einige Angebote speziell für jüngere Kinder vorgesehen, die Sie unbedenklich mit ihnen durchführen können. Bei altersgemischten Angeboten sollten Sie besonders auf die Befindlichkeit der Jüngsten eingehen und sie viel beobachten und ausprobieren lassen.

Die folgende Zeitreise durch verschiedene Epochen und in fantastische Welten soll Ihnen einen **Grundstock für das kreative Auseinandersetzen mit dem Thema geben**, in der Hoffnung, dass Sie mit den Kindern **noch viele eigene Ideen entwickeln**.

Dabei wünsche ich Ihnen nun viel Freude!

Yvonne Wagner

Weitere kreative Zeitreise-Ideen

Das Thema „Zeitreise" bietet Raum für unendliche kreative Ideen. Dieses Buch beschränkt sich auf die kreative Gestaltung. Daher möchte ich Ihnen hier ein paar **Anregungen für weitere Bereiche** mitgeben.

Theaterspielen

Die verschiedenen Stationen der Zeitreise bieten vielfältige Möglichkeiten zum Theaterspielen. Meist ist dafür gar keine große Bühne nötig. Den Kindern genügt es, sich mit den **selbst gemachten Kostümen zu verkleiden und nach ihren Ideen mit den Rollen zu spielen**. Wer mag, nutzt das Interesse der Kinder für ein richtiges Theaterprojekt. Dafür werden Kulissen gemalt und gebastelt, und alle denken sich zusammen eine Geschichte aus. Vielleicht gibt es auch ein „Impro-Theaterstück", bei dem den Schauspielern nur kurze Sätze oder Begriffe zugerufen werden, die sie in ihre Spielhandlung einbauen.

Bewegungsspiele und Bewegungsgeschichten

Viele beliebte Bewegungsspiele lassen sich zu einem der Zeitreisethemen passend umwandeln. Statt normalem Fangen spielen die Kinder nun **„Dino-Fangen"**. Wenn der Fänger ein Kind fängt, und dieses noch rechtzeitig – also vorher – den Namen eines Dinosauriers ruft, ist es frei und kann nicht gefangen werden. Gefangene Kinder müssen stehen bleiben, bis ein noch freies Kind sie wieder befreit.

Interessant sind auch Bewegungsgeschichten. So könnten sich die Kinder **als Forscher ins alte Ägypten begeben** und in einer Pyramide aus zusammengestellten Kisten den Schatz des Pharao finden. Um dorthin zu gelangen, müssen sie aber viele Hindernisse überwinden, z.B. einen Fluss überqueren und durch eine niedrige Höhle kriechen. Haben sie den Schatz gefunden, heißt es, sich gegen die drohenden Gefahren zu wehren. Hier haben Sie sicher ein paar Ideen für einen passenden Parcours.

Ausflüge

In fast jeder Kleinstadt gibt es ein **Stadtmuseum**. Es lohnt sich, im Rahmen der Zeitreise dort einmal eine kleine **Führung mit der Kindergruppe** mitzumachen. Sicher sind dort einige Besonderheiten zu entdecken, die zum Thema passen. Gerade, wenn sich die Kinder schon eine Weile mit dem Mittelalter oder den Dinosauriern beschäftigen, werden sie sich in einem entsprechenden Museum sehr neugierig umschauen.

Je nachdem, wo die Kinder gerade mit ihrer Zeitmaschine gelandet sind, bieten sich natürlich auch **Wanderungen in die Umgebung** an. Vielleicht können Sie Informationen bekommen, wo in der Nähe Reste aus dem Mittelalter zu finden sind, z.B. Burgen, Klöster, Teile in Kirchen usw.

Reisebilderbuch oder: Tipps zur Präsentation

Erkundigen Sie sich, ob das nächstgelegene **Kindertheater** gerade ein passendes Stück aufführt. Oder gibt es vielleicht eine Kunstausstellung zu Ihrem Thema?
Wenn sich die Kinder auf eine Zeitreise begeben, z.B. über ein ganzes Jahr, wollen und sollen sie auch zeigen, was sie erleben und lernen. Die **Präsentation der Aktionen und Projekte dient einerseits der Dokumentation und gleichzeitig auch der Reflexion**. Die Kinder verinnerlichen das Thema noch mehr, indem sie sich rückblickend damit beschäftigen. So werden nicht nur einfach Produkte an die Wand gehängt, sondern gezielt ausgewählt, zusammengestellt und erarbeitet.

Ausstellung

Wie wäre es mit einer Ausstellung über das Mittelalter? Die Kinder sammeln selbstgemachte Utensilien, Kleider, Fotos von Kindern mit den gebastelten Kostümen oder gemalte Bilder und stellen diese aus. Das geht gut in einem Flur oder Eingangsbereich, wo Eltern und andere Besucher der Kita sicherlich vorbeikommen. Praktisch sind dafür einfache Regale, die bemalt oder mit Tüchern (Filz) verkleidet werden. Sehr wirkungsvoll sind auch Bilderrahmen mit mindestens 3 cm Tiefe und einer (Acryl-)Glasscheibe davor. Alte Setzkästen oder Schubkästen mit einer Scheibe davor eignen sich für Kleinteile. An einen großen Wandbehang aus Hanf oder Bast können die Kinder Kleidungsstücke oder Bilder mit Nadeln anstecken.

Zu einer richtigen Ausstellung gehört natürlich eine Vernissage und, wenn möglich, auch eine Finissage. Mit der **Vernissage** – der Eröffnung – haben die Kinder Gelegenheit, sich selbst und ihre Kunstwerke bzw. Sammelstücke vorzustellen und dem Publikum persönlich gegenüberzutreten. Bei der **Finissage**, die zum Abschluss der Ausstellung im kleinen Kreis der Künstler stattfinden kann, wird noch einmal reflektiert: Wie war es, auszustellen, wie war das gesamte Projekt für uns, was hat es uns gebracht, was haben wir gelernt, wie haben wir uns weiterentwickelt …?

Portfolioseiten

Während ihrer Zeitreise erleben die Kinder vieles, was sie in den Alltag übertragen können. Sie üben ihre Fingerfertigkeit, planen und denken sich neue Lösungswege aus, um z.B. eine Rakete in die Realität zu übertragen – also aus Kartons in groß zu bauen.
Es ist sinnvoll, immer wieder innezuhalten und mit den Kindern gemeinsam zu überlegen, was sie gerade gelernt haben. **Was wissen sie nun, was haben sie erlebt, konnten sie sich weiterentwickeln?** Für das Kinderportfolio eignen sich neben den Fotos der Aktionen und Kostüme auch Infoseiten über das neue Wissen. Frage-Antwort-Bögen, die zeigen, was das Kind wissen will und wie es sich dieses Wissen aneignet, sind gerade bei Themen wie Mittelalter und Ägypten besonders aufschlussreich. **Eltern** können aufschreiben, wie sie ihr Kind bei der Theateraufführung erlebt haben und welchen Eindruck sie von der Präsentation der Mittel-

alter-Ausstellung hatten. **Erzieherinnen** haben während der Zeitreise immer wieder Gelegenheit, die Kinder dabei zu beobachten, wie sie sich intensiv und über einen längeren Zeitraum mit einem Thema auseinandersetzen. Es ist spannend, zu sehen, wie das einzelne Kind mit einem Thema umgeht, welche spezifischen Interessen es entwickelt, welche Bildungsbereiche es bevorzugt und welchen es weniger zugeneigt ist. Aus den Beobachtungen ergeben sich wiederum Rückschlüsse darauf, wie die Kinder im Alltag häufiger Gelegenheit bekommen können, sich so intensiv auf ein Thema einzulassen.

Internetpräsenz

Medienpädagogik umfasst heute nicht mehr nur Printmedien, Radio und Fernsehen. Der Computer sollte auch in der Kita nicht außen vor bleiben. Denn wer früh lernt, vernünftig mit diesen technischen Geräten umzugehen, wird das auch in sein späteres Leben mitnehmen. Die Präsentation der Zeitreise im Internet ist besonders für die älteren Kinder ab etwa fünf Jahren und die Hortkinder interessant. Wenn sie schon selbst schreiben können, dürfen sie natürlich überwiegend selbst an den PC. Die „Nichtschreiber" benötigen hier jedoch noch mehr Unterstützung. Doch Sie können gemeinsam mit den Kindern Bilder und Objekte aussuchen, die die Kinder im Internet präsentieren möchten. Gemeinsam können Sie sich erläuternde Texte zu den Objekten ausdenken.

Eine **Internetpräsenz gibt es kostenlos** von verschiedenen Anbietern, meistens sind sie dann werbefinanziert. Wer ohne Werbung auskommen will, knüpft die Präsentation an die vorhandene **Kita-Internetseite** an oder erstellt einen **Blog**. Diese moderne Form des Tagebuchs ermöglicht einen schnellen Zugriff und eine einfache Handhabung für alle Beteiligten. Beachten Sie aber immer, dass bei jeglicher Form der Internetpräsentation die Persönlichkeitsrechte der abgebildeten Personen gewahrt bleiben. Holen Sie vorher die (schriftliche) Erlaubnis aller Eltern und Kinder ein, die auf den Bildern zu sehen sind, und achten Sie unbedingt darauf, dass niemand in „zweideutiger" Stellung oder gar entblößt zu sehen ist.

CD-ROM

Wesentlich geschützter und privater ist es, wenn Sie **CDs für die Kinder** brennen. Hier können Sie alle Bilder und sogar ganze Theaterstücke zusammenstellen. Wer sich dafür ein bisschen Zeit nimmt, kann so eine CD mit Videoprogrammen bearbeiten und damit eine sehr wirkungsvolle Präsentation der Bilder erreichen.

Zu Ihrer Orientierung: Hinweise und Symbole

Alter

Ich habe bewusst auf Alterseinteilungen verzichtet, weil Sie selbst am besten wissen, was Sie den Kindern zutrauen können.

Manche Anregungen können Kinder von etwa fünf Jahren schon gut alleine (mit Aufsicht) durchführen, Dreijährige benötigen dabei aber Ihre volle Unterstützung – machbar ist es aber für beide Altersgruppen.

Zu Ihrer Orientierung sind einige Angebote mit dem Vermerk „6+" markiert. Es zeigt Ihnen, dass es sich hier um ein eher anspruchsvolles Angebot handelt, das sich besonders für Kinder ab etwa sechs Jahren eignet, jüngere Kinder daher etwas mehr Hilfestellung benötigen werden.

Zeit

Je nach Alter und Geschick der Kinder steht ein Wecker für eine Zeiteinheit, die Sie in etwa für die Beschäftigung einplanen können.

Mehrere Wecker vervielfachen die Zeiteinheiten. Manchmal muss ein Kunstwerk zwischendurch trocknen, sodass mehrere getrennte Einheiten nötig sind. Dies wird dann in der Anregung erwähnt. Ansonsten können die Einheiten auch direkt aufeinanderfolgen.

Gestaltungstechniken

Papierarbeiten, falten, kleben usw.

Zeichnen, malen, Collagen usw.

Kneten, formen, schnitzen usw.

Arbeiten mit Säge, Hammer, Zange usw.

Arbeiten mit verschiedenen Textilien

Zu Ihrer Orientierung: Hinweise und Symbole

Werkzeuge und Material

In den praktischen Anregungen werden immer wieder bestimmte Werkzeuge und Hilfsmittel erwähnt. Unter der Rubrik „Das können Sie gut gebrauchen" sind die benötigten Werkzeuge für das jeweilige Projekt immer mit diesem Aufzählungszeichen versehen: ◈ Damit Sie die richtigen Werkzeuge auswählen, finden Sie hier einen kurzen Überblick:

Sägen

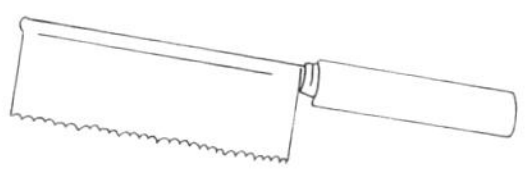
Feinsäge

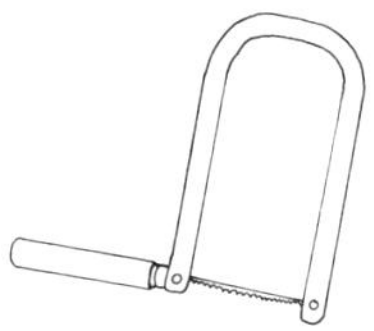
Laubsäge

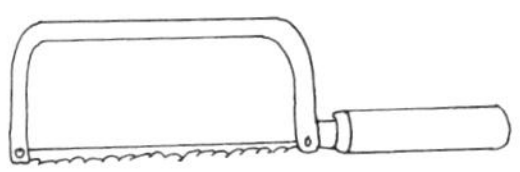
Pucksäge

Zangen

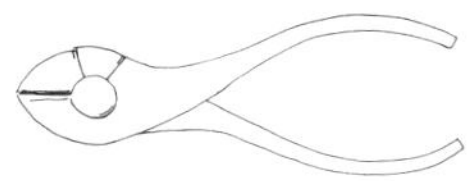
Seitenschneider

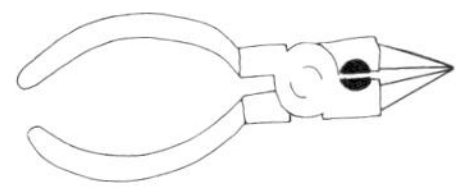
Rund- oder Biegezange

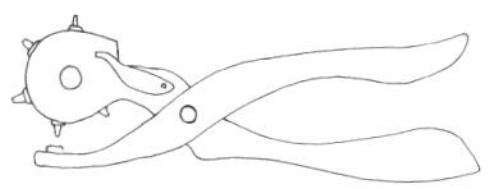
Lochzange

Feilen und Schleifen

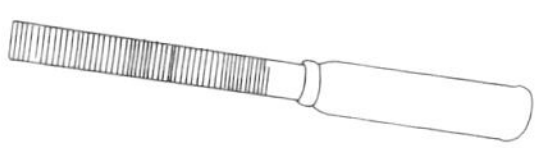
Feile

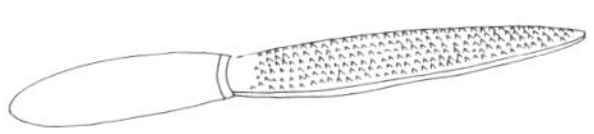
Raspel

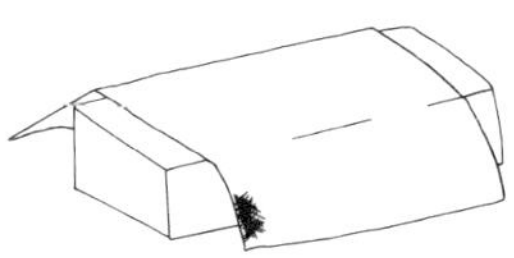
Schleifpapier

Sonstiges

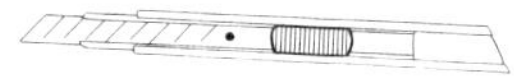
Cuttermesser

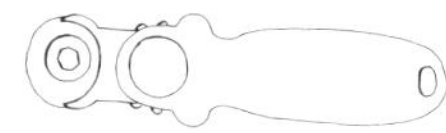
Roll-Cutter

Meterstab

Schnitzmesser

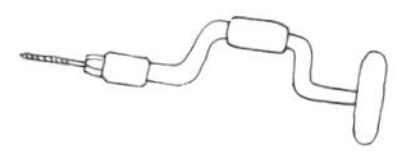
Handbohrer

Vorbohrer

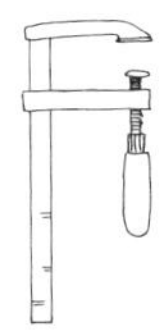
Schraubzwinge

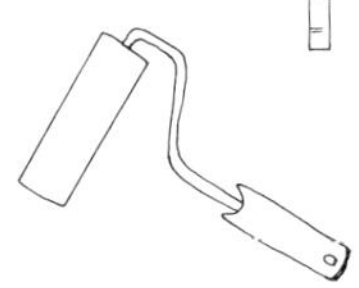
Schaumstoff-Walze

Rezepte

In den Projekten gibt es immer wieder Anregungen zum plastischen Gestalten. Wer seine Modelliermasse dafür selbst herstellen möchte, findet hier eine Auswahl an nützlichen Rezepten.

Salzteig

1 Becher Salz
2 Becher Mehl
1 Becher Wasser
1 EL Speiseöl
evtl. Farben (Lebensmittelfarben, Pigmente, Kindergarten-Farben)

➤ Alle Zutaten in einer Schüssel so lange verkneten, bis ein schön geschmeidiger Teig entsteht. Ist der Teig zu trocken, etwas mehr Wasser hinzugeben, ist er zu nass, etwas mehr Mehl untermischen. Das Öl hinzugeben – dies dient der Geschmeidigkeit. So wird der Teig etwas elastischer, und es lassen sich damit später auch sehr feine Formen gut herstellen. Wer farbigen Teig haben will, kann Pigmente, Lebensmittelfarbe oder ganz normale Kindergarten-Farben verwenden. Pigmente müssen zunächst in Wasser angerührt werden, bevor man sie in den Teig geben kann. Die Farben in kleinere Teigklumpen einkneten, oder die Farben schon vor dem Zusammenkneten in die Zutaten mischen. Um die modellierten Formen auszuhärten und damit haltbar zu machen, müssen sie nach mindestens einem Tag Trockenzeit bei etwa 50–100 Grad im Backofen gebacken werden. Je nach Dicke der Teile dauert das etwa 40–100 Minuten. Nach dem Abkühlen können die Kunstwerke auch noch bemalt, beklebt und lackiert werden.

Salzteigknete

500 ml Wasser
5 ml Speiseöl
500 g feines Weizenmehl
150 g Kochsalz
50 g Zitronensäure oder Essig
50 g bunte Pigmente, fein gesiebte bunte Erde, Gewürze oder Lebensmittelfarbe

➤ Das Wasser aufkochen und das Öl einrühren. Mehl, Salz und Zitronensäure vermischen und die Mischung langsam auf das Wasser-Öl-Gemisch geben. Kräftig umrühren. Die Masse nach dem Abkühlen gut durchkneten. Schließlich die Farbe einkneten. Wer schon etwas geübter ist, kann schon vor dem Verrühren kleine Mengen abteilen und jeweils das Farbpulver daruntermischen. So verteilt es sich besser. Luftdicht verpackt (in Plastikbehältern oder Gläsern) und kühl gestellt, können Sie die Salzteigknete etwa ein halbes Jahr aufbewahren. Ohne Zitronensäure verdirbt sie schneller.

Maisstärke-Knete

(selbsthärtend)

1 Becher Salz
1 ½ Becher kaltes Wasser
1 Becher Maisstärke

➤ Einen Becher Wasser mit dem Salz zum Kochen bringen und rühren, bis sich das Salz aufgelöst hat. Die Maisstärke mit dem halben Becher Wasser verrühren. Beides in eine Schüssel gießen und noch einmal gut verrühren. Die Masse kann mit Lebensmittelfarben, Pigmenten oder anderen Farben eingefärbt werden. Sie trocknet an der Luft in 1–2 Tagen recht fest aus und erhält durch die Salzkörnchen einen leichten Glanz.

Stärke-Kleister

1 TL Stärke (Mais- oder Weizenstärke)
150 ml kaltes Wasser
evtl. Farbe

➤ Stärke in das Wasser rühren. Dabei ständig umrühren! Kurz aufkochen lassen. Vorsicht, es kann ziemlich blubbern und spritzen! Luftdicht verpackt, ist der Stärke-Kleister nach dem Abkühlen im Kühlschrank mehrere Tage haltbar. In den fertigen Kleister können die verschiedensten Farben oder Pigmente gemischt werden. Sehr gut zum Experimentieren für die Kinder eignen sich selbst gemörserte und fein gesiebte Erden, Steinpulver und Pflanzenfarben. Die Farbe wird nicht deckend, sondern eher lasierend.

Kasein-Leim

(Holzleim, Basis für Temperafarben)

20 g Borax (Apotheke)
25 ml heißes Wasser
500 g Magerquark

➤ Das Borax in warmem Wasser auflösen und die Mischung in den Quark rühren. Eine ½ Stunde ruhen lassen und noch einmal kräftig durchrühren. Kühl und luftdicht verpackt, ist der Leim 1–2 Tage haltbar.

Kasein-Tempera-Farbe

500 g Kaseinleim
20 ml neutrales Speiseöl
Farbpigmente

➤ Den Leim (Rezept s.o.) mit dem Speiseöl tröpfchenweise vermischen. Farbpigmente hinzugeben und nach und nach etwas Wasser unterrühren. Nur so viel Wasser verwenden, dass die Farbe flüssig genug, aber auch noch farbig genug ist. Diese Farbe wird recht deckend. Sie eignet sich sehr gut als Fingerfarbe für Kleinkinder. Wird sie sofort verwendet, kann auch einfach das Borax weggelassen werden – so ist die Farbe ungiftig und hautschonender.

Sand-Gips

1 Becher Gips
1 Becher Sand
ca. 1 Becher Wasser (je nach Sandart)

➤ Gips und Sand in einer Schüssel gut vermischen. Das Wasser vorsichtig dazugeben und „unterheben". Nicht zu stark rühren, damit der Gips nur langsam abbindet. Ist die Masse zu flüssig, war es zu viel Wasser. In diesem Fall einfach noch etwas mehr Gips oder Sand dazugeben. Bevor die Masse hart wird, schnell noch in die gewünschte Form umfüllen. Während des Aushärtens die Form einmal fest auf den Tisch oder Boden klopfen, damit die Luftblasen aus der Masse entweichen können.

Naturfarben

Erden, Steine oder Sand
Pflanzen und Wasser
Sieb
Mörser

➤ Aus Erden, Steinen oder auch Sand können die Kinder selbst Naturfarben herstellen. Das Material muss sehr fein sein, damit es sich gut anrühren lässt. Erden und Sand zunächst sieben und mit einem Mörser reiben, bis ein Mehl entsteht. Steine vorsichtig zerschlagen (evtl. ein Tuch darüber legen oder zumindest eine Schutzbrille tragen) und dann mörsern. Das geht am besten mit einem großen Stein auf einem steinigen (Beton-) Untergrund. Erst, wenn aus den Steinen Sand geworden ist, können sie auch im Haushaltsmörser gerieben werden. Das Erdenpulver können die Kinder mit Kleister, Kaseinleim oder Ei verrühren und zum Malen verwenden. Aus Pflanzen können auch Farben hergestellt werden. Dazu den Farbstoff in einem Mörser aus der Pflanze herausreiben oder die Pflanze mit wenig Wasser aufkochen. Lässt man den Sud länger einkochen, wird die Farbe dicker. Sie kann nun mit dem Pinsel vermalt werden. Mit einem Binder (Leim, Kleister, Ei) verrührt, entsteht eine streichfähige Fingerfarbe.

Pappmaschee

➤ Aus feinen Zeitungspapierschnipseln und Kleister einen Papierbrei anrühren. Je mehr Papier Sie verwenden, desto dicker wird die Masse. Sind es sehr feine Schnipsel oder gar Papiermehl, können damit auch sehr feine Konturen ausgearbeitet werden.

Pappkaschee

(Kleisterpapier)

➤ Tragen Sie Kleister auf einen Untergrund, z.B. einen Luftballon oder ein Zeitungsknäuel, auf. Darauf legen Sie überlappend etwa 4 x 4 cm große Zeitungspapierschnipsel und überziehen diese Schicht wieder mit Kleister. Auf die letzte Lage streichen Sie keinen Kleister mehr. Insgesamt schichten Sie so etwa 3–5 Lagen auf, ggf. können es auch noch mehr Schichten sein. Für kleinere dekorative Arbeiten können Sie auch Papiertücher statt Zeitungspapier verwenden. Das legt sich sehr gut an, sodass auch feinste Formen ausgearbeitet werden können.

Das Mittelalter

Das Mittelalter umfasst eine Zeitspanne von etwa 1000 Jahren zwischen ca. 500–1500 n. Chr. Für Deutschland war es eine Zeit voller Kriege, Armut, Religionsherrschaft und Krankheit. Bei den Kindern aber sind vor allem die Geschichten über edle Ritter, schöne Burgfräulein, Gaukler und fleißige Handwerker immer sehr beliebt. Und am spannendsten ist für sie das Leben der Könige, Burgfrauen und Ritter auf den Burgen. Daher beziehen sich die meisten Angebote auf diesen Bereich. Indem die Kinder Waffen, Kleidung und Instrumente dieser Zeit selbst herstellen und sich damit auseinandersetzen, bekommen sie einen Eindruck davon, wie schwer das Leben damals war.

Schon Drei- bis Vierjährige sind von verkleideten Rittern, Gauklern und Damen bei den häufig stattfindenden Ritterspektakeln allerorts fasziniert. So ein Gauklertag oder Ritterfest lässt sich auch in den Kindergarten holen, am besten in gemeinsamer Vorbereitung mit den Eltern und Geschwistern der Kinder.
Um die Kinder auf die Zeit der Ritter einzustimmen, bietet es sich an, gemeinsam ein Bilderbuch anzusehen und sich Geschichten zu den Bildern zu erzählen. Die Kinder haben meist sofort viele Fragen, wenn sie sehen, wie die Menschen im Mittelalter gekleidet waren, wo und wie sie lebten usw. Nutzen Sie die Fragen der Kinder für die Projektgestaltung, und orientieren Sie sich an den Interessen der Kinder. Vielleicht versuchen Sie dabei, den Kindern näherzubringen, dass damals nicht nur mutige Ritter lebten, sondern auch ganz normale Leute und viele Kinder. So vermeiden Sie, ausschließlich die üblichen Klischees weiterzuverbreiten und geben den Kindern die Möglichkeit, sich etwas mehr in die Zeit des Mittelalters zu vertiefen.

Was Sie auf Ihrer Reise in diese Zeit auch noch einplanen können

- **mittelalterliche Küche: Kochen mit ursprünglichen Produkten in nachempfundenem Kochgeschirr und evtl. auch auf offenem Feuer; alte Rezepte nachkochen – vielleicht helfen hier Eltern mit …**
- **Lieder, Musik und Tänze**
- **Bewegungsspiele, wie z.B. Ritterspiele mit einem Steckenpferd oder Geschicklichkeitsspiele**
- **ein Gauklerfest mit Tänzen, Darbietungen, Festessen und spannenden Ritterspielen**
- **Theaterstücke**
- **Ausflüge zu Ritterburgen, Handwerkern und Heimatmuseen**

Schwerter, Schilde und Lanzen aus Holz

Kinder spielen gerne nach, was sie sehen und hören. Erzählen wir ihnen Geschichten von Rittern und edlen Kämpfern aus dem Mittelalter, wollen sie diese imitieren. So verinnerlichen sie das Wahrgenommene und leben ihre Empfindungen dabei aus. Ganz nebenbei lernen sie beim Spiel mit Schwertern auch, aufeinander Rücksicht zu nehmen. Sie üben ihre Konzentration, Geschicklichkeit und Koordination.
Waffen aus Holz herzustellen, ist gar nicht so schwer, wenn man sich geeignetes Holz dafür sucht. Für ein Schwert oder einen Dolch eignen sich lange, flache Leisten oder schmale Bretter aus Fichte, Kiefer, aber auch Buche o.Ä.

Das können Sie gut gebrauchen

- 1 große Holzleiste (ca. 5 x 40 x 1,5 cm)
- 2 kleinere Holzleisten (ca. 2 x 8 x 1 cm)
- Farben zum Bemalen oder Besprühen und/oder Glitzer(-steine) zum Verzieren

- Feinsäge oder Laubsäge
- Feile
- Schleifpapier
- Werkbank oder Schraubzwingen
- ein stabiler Tisch
- Handbohrer (Dreher)
- kleine Nägel oder Schrauben
- Schnitzmesser

So wird es gemacht

Den Griff und die Schwertspitze sägen die Kinder aus. Das geht gut mit der Laubsäge, aber auch mit einer Feinsäge. Damit die Kinder sich nicht verletzen, müssen sie das Holz auf einer Werkbank oder an einen festen Tisch spannen. Dabei sollte das Werkstück nur mit dem zukünftigen Griff über den Rand schauen, damit das Holz beim Sägen nicht zu sehr schwingt.

Tipp

**Damit die Säge Halt findet, wird nah neben den Fingern der linken Hand ruckartig „rückwärts" gesägt.
So entsteht eine Rinne, die dann die Säge führt.
Für Kinder ist es hilfreich, sich ein Stück Holz als Führung neben die Sägelinie zu spannen, um gerade zu sägen.**

Schwerter, Schilde und Lanzen aus Holz

Den Griff runden die Kinder mit einer Feile und/oder Schleifpapier nach Wunsch ab. Ältere Kinder möchten vielleicht eine richtige Rundung ausfeilen, die später besonders verziert wird. Zudem schleifen die Kinder auch alle Kanten ab, damit sie sich später nicht verletzen.

Als Handschutz dienen zwei kürzere Holzleisten. Die Kinder brauchen sie nur auf die richtige Länge zu sägen oder auf das Schwert aufzunageln oder daran festzuschrauben.

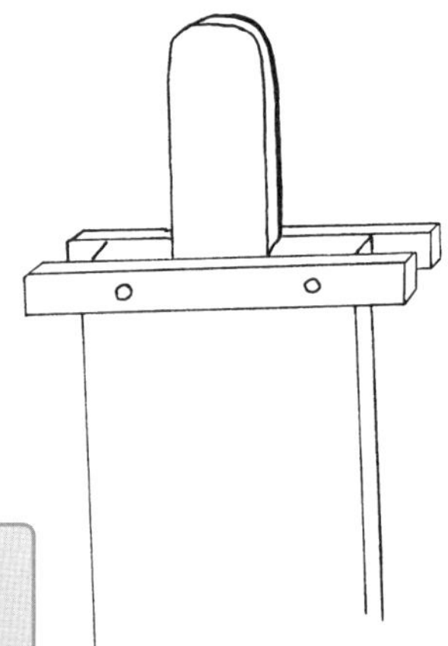

Tipp

Beim Aufnageln oder Festschrauben könnte sich das Holz spalten. Um dem vorzubeugen, kann man mit einem Handbohrer (Dreher) vorbohren oder die Nägel mit einem Hammerschlag auf die Spitze abstumpfen.

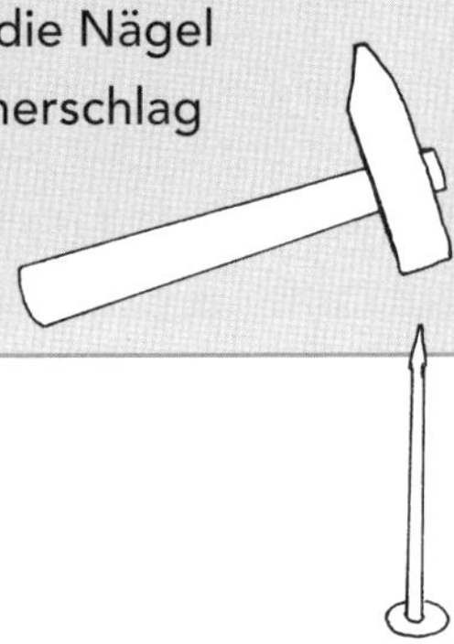

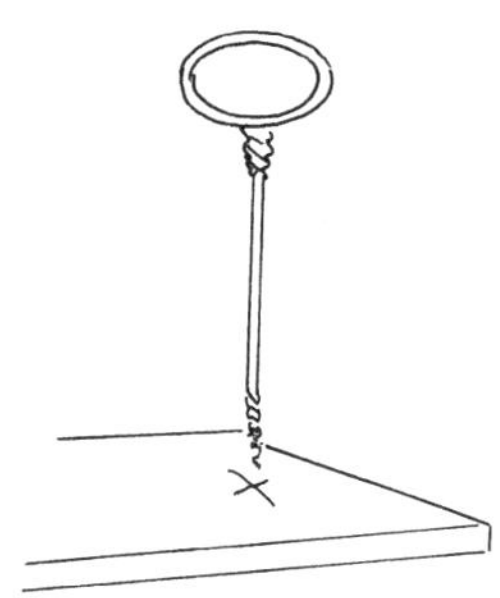

Auch hier müssen die Kinder die Kanten wieder mit einer Feile oder mit Schleifpapier stumpf schmirgeln, damit sie sich später nicht an den scharfen Kanten verletzen.

Jetzt sieht das Schwert schon super aus. Doch etwas Farbe und „Zier" bringt die Pracht der edlen Waffe erst richtig zur Geltung. Wer mag, bemalt oder besprüht die „Klinge" mit Gold oder Silber. Besonders edel sehen die Schwerter aus, wenn die Handschutzleisten mit Glitzersteinen oder Mustern verziert sind. Ältere Kinder können die Verzierungen auch mit dem Messer ausschnitzen.

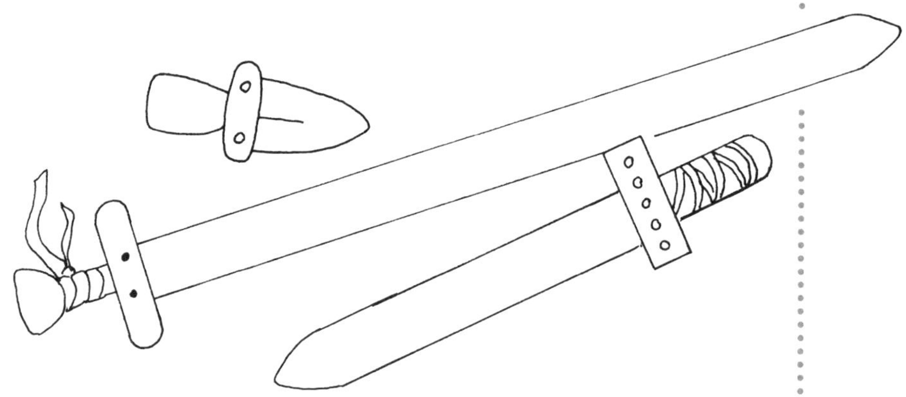

Variante

Lanzen, Schilde oder Dolche können die Kinder auf ähnliche Weise herstellen – dabei müssen sie nur die Länge und Form variieren. Um Lanzen herzustellen, eignen sich z.B. alte Besenstiele oder selbstgesuchte lange, dicke Äste sehr gut.

Waffen aus Pappe oder Moosgummi

Mittelalterliche Waffen wie Schwerter und Dolche können die Kinder auch aus Pappe oder Moosgummi basteln. Das gelingt auch schon sehr kleinen Kindern recht gut.

Das können Sie gut gebrauchen

- Pappe oder Moosgummi (möglichst dick)
- kleiner Holzstift
- Farben zum Bemalen oder Besprühen
- Bleistift, Kugelschreiber

- Cuttermesser, Kartonschere oder Roll-Cutter
- Kleber
- Klebeband
- Schere
- Zeitungslagen oder Holz-/Linolplatte als Schneideunterlage
- Locher oder Lochzange
- Nagelschere

So wird es gemacht

Mit Ihrer Hilfe zeichnen die Kinder die Umrisse der Schwerter und Dolche auf dicker Pappe (z.B. von Umzugskisten) auf. Verwenden die Kinder Moosgummi, zeichnen sie ihre Waffe mit Bleistift oder Kugelschreiber vor.

Tipp

Achten Sie bei der Pappe darauf, die Faser bzw. die Rillen bei Wellpappe längs zum Schwert zu legen, damit es später nicht nach unten klappt. Sie können dies den Kindern gut an zwei verschiedenen Stücken Pappe demonstrieren, damit sie es verstehen.

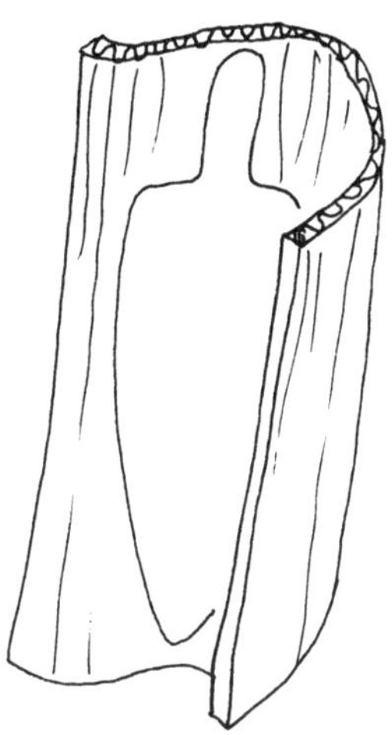

Die Kinder schneiden die Pappe aus. Das geht gut mit einem Messer (Cuttermesser), einer speziellen Kartonschere oder einem Roll-Cutter, den auch schon Kinder gut bedienen können. Dazu legen die Kinder die Pappe auf eine dicke Lage Zeitung oder eine alte harte Holz- oder Linolplatte. Dann fahren sie erst leicht die Linie mit dem Messer nach und schneiden dann immer wieder darüber, bis die Pappe durchgeschnitten ist. So ist kein großer Druck notwendig, und die Kinder schaffen es schon selbst, ihr Schwert oder ihren Dolch auszuschneiden. Kleinere Kinder benötigen zum Schneiden allerdings noch Hilfe, damit sie sich nicht verletzen.

Moosgummi lässt sich auch sehr gut mit einer Schere schneiden. Weil es Moosgummi bisher nur sehr dünn zu kaufen gibt, sollten die Kinder ruhig mehrere Lagen zusammenkleben.

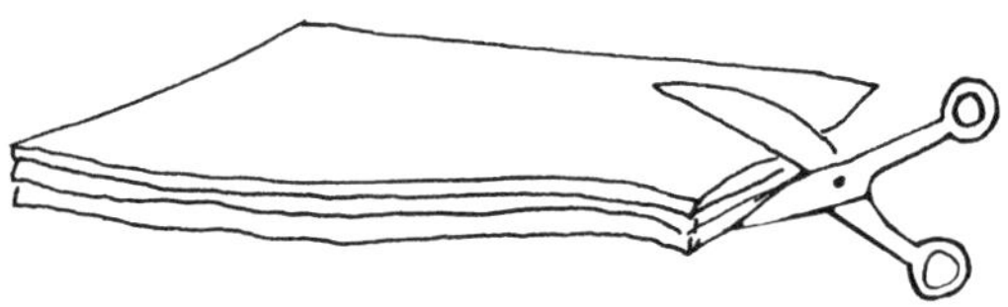

Natürlich brauchen Schwert oder Dolch noch einen Handschutz. Die Kinder können ihn leicht aus zwei Papp- oder Moosgummi-Leisten herstellen, die sie oberhalb des Griffes, je einen oben und unten, ankleben.

Noch edler sieht es aus, wenn der Handschutz aus einem Stück geschnitten ist. Dafür schneiden die Kinder einen Spalt in einen Papp- oder Moosgummi-Leisten, durch den man das Schwert später hindurch schieben kann. Der Spalt sollte aber sehr knapp sein, damit der Schutz hält. Notfalls kann er mit Klebeband gehalten werden. Zur Stabilisierung bringen die Kinder noch einen Stopper aus Moosgummi, Pappe oder auch aus Holz oberhalb des Griffes an. Je nach Dicke des Schwertes kann dafür das Loch mit einem gewöhnlichen Locher oder auch mit einer Lochzange ausgestanzt werden. Es funktioniert auch mit einer spitzen Nagelschere.

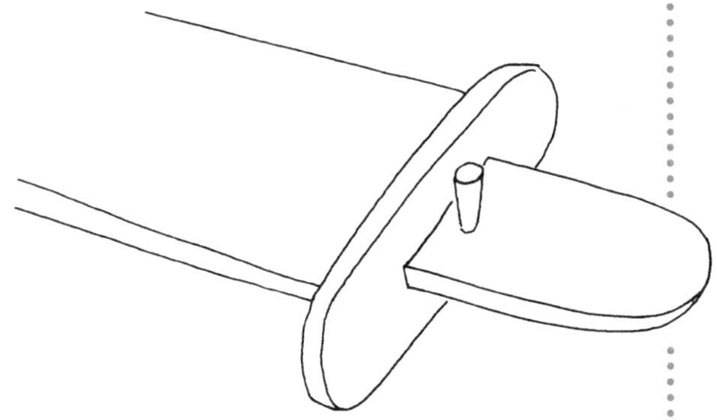

Variante

Die Kinder können die Materialien auch mischen, z.B. schneiden sie ein erstes Schwert aus Pappe aus und zwei weitere aus Moosgummi, die sie auf das Pappschwert kleben. Auch die beiden Handschutzleisten bestehen dann jeweils aus 3 Schichten.

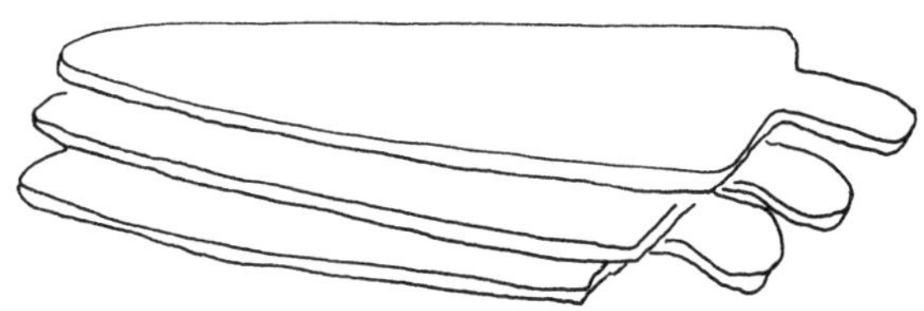

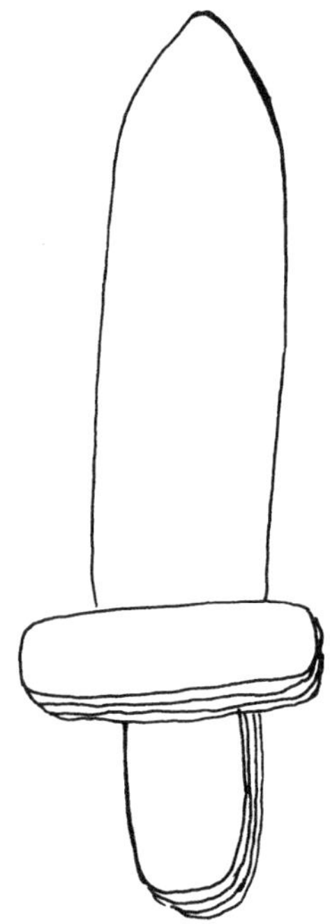

Zum Schluss können die Kinder ihr Schwert oder ihren Dolch noch bemalen, bekleben oder besprühen.

Tipp

Wenn das Papp-Schwert stabiler und plastischer werden soll, können die Kinder es noch mit Zeitungspapier und Kleister bekleben. Das Pappkaschee wird nach dem Trocknen sehr hart und lässt sich gut bemalen.

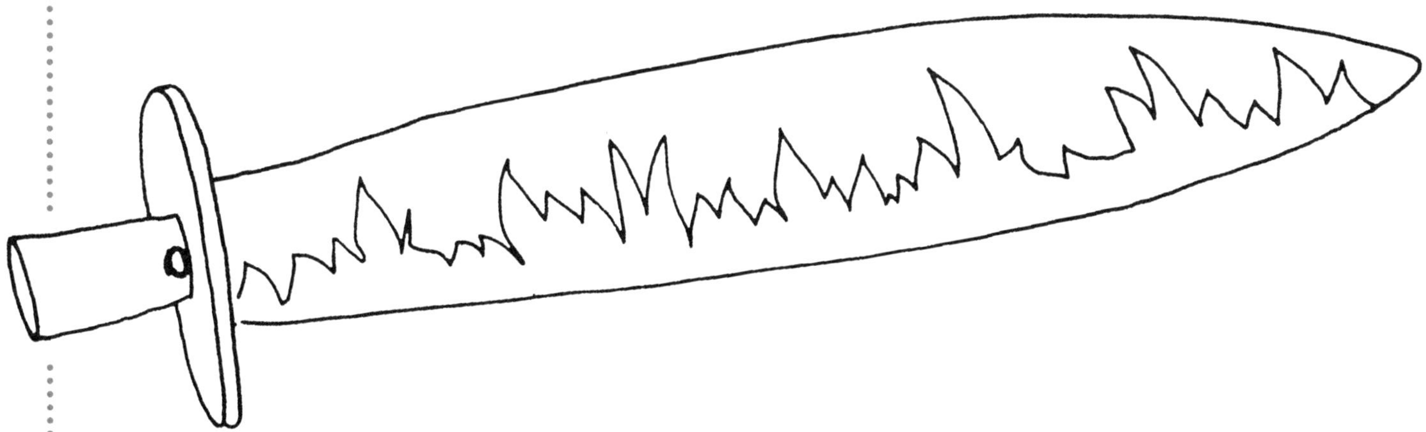

Ritterhelm aus Pappkaschee

Bei einem richtigen Ritterkampf ist es natürlich höchst gefährlich, wenn die kleinen Ritter nur mit einem Schwert und einem Schutzschild gerüstet ins Feld ziehen. Ein schützender Helm sollte dabei besser auch nicht fehlen. Er lässt sich leicht aus einem Luftballon anfertigen, der in Pappkaschee-Technik bearbeitet wird.

Das können Sie gut gebrauchen

- Luftballon
- Zeitungspapier (und evtl. Toilettenpapier)
- Schnüre
- Pappe oder Styropor
- Acrylfarben, Alufolie oder Silberlack/-spray
- Bind-/Wollfäden, Hölzchen, Federn, Blätter, Bänder

- Kleister
- Kleber
- Filzstift
- Malerkrepp-Klebeband
- Locher
- Nadel zum Aufstechen
- Schere

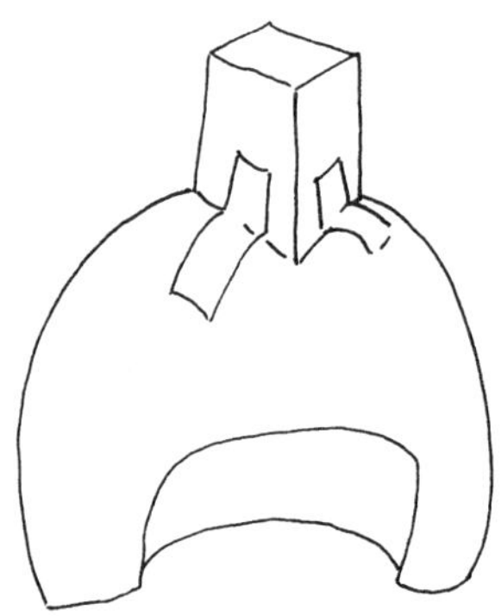

So wird es gemacht

Die Kinder blasen ihren Luftballon etwa in Kopfgröße auf. Luftballon-Aufblasen ist nicht immer ganz einfach. Vielleicht müssen Sie ihnen dabei helfen. Es gibt eher ovale und eher kugelrunde Ballons. Suchen Sie passende aus. Mit mehreren Schichten Kleister und Zeitungspapierschnipseln kaschieren die Kinder ihren Luftballon, indem sie die Schnipsel schichtweise auf den Ballon kleben.

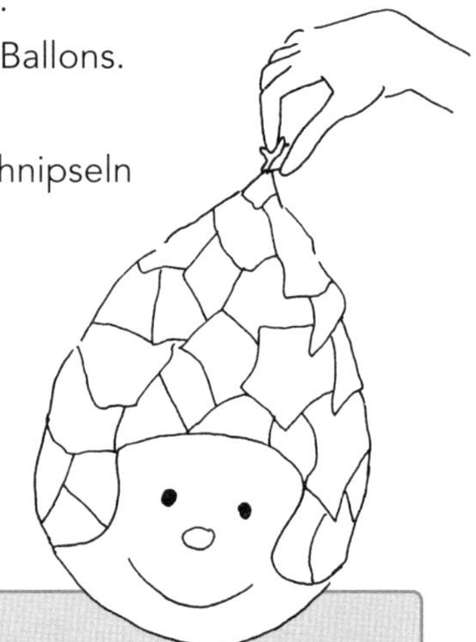

Tipp

Wenn sich die Kinder nicht vorstellen können, wie groß der Helm später werden soll, zeichnen sie sich ein Gesicht und evtl. auch die Helmumrisse mit Filzstift auf den Ballon.

Damit der Helm die gewünschte Form erhält, wird gegen Ende mit locker geknülltem Papier geformt. Am einfachsten geht das, wenn die gekleisterte Schicht getrocknet ist. Dann können die Kinder ihre Papierknödel mit Krepp-Klebeband daran befestigen. Auch Elemente aus Pappe oder Styropor können die Kinder mit Klebeband befestigen.

6+

Ritterhelm aus Pappkaschee

Anschließend werden auch diese Formen gründlich mit Kleisterpapier überklebt. Haben die Kinder als letzte Schicht einfarbiges Papier benutzt, ist das Anmalen später einfacher. Ideal ist es natürlich, wenn die Kinder gleich ihre gewünschte Helmfarbe in Papierform aufkleistern.

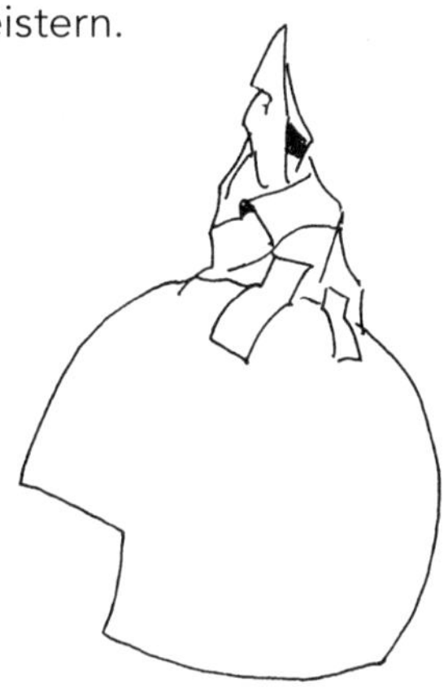

Ältere Kinder haben vielleicht Lust, mit der Kaschiertechnik Verzierungen anzubringen. Dafür verwenden sie Bindfaden (oder Wolle), Papierkügelchen, kleine Hölzchen, Blätter usw. Die Verzierungen kleben sie mit etwas Kleister direkt an der gewünschten Stelle des Helmes auf und überziehen sie mit Papier. Getrocknete Blätter oder Federn können auch mit Toilettenpapier beklebt werden, denn Toilettenpapier lässt sich sehr gut in die feinen Fugen drücken.

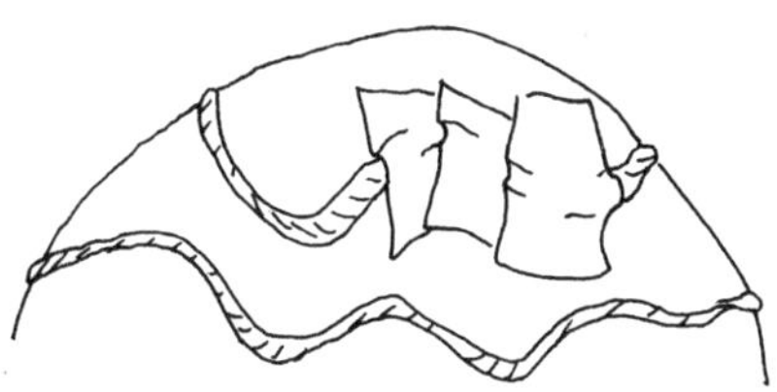

Der Helm muss jetzt gut durchtrocknen. Das dauert mindestens eine Nacht. Danach können die Kinder ihren Luftballon aufstechen und entfernen. Der untere Rand des Helms benötigt dann evtl. noch etwas Ausbesserung. Hier können die Kinder den Helmrand etwas nachschneiden, damit er gleichmäßiger aussieht.

Nach dem Trocknen sollten die Kinder ihre Verzierungen noch farblich betonen. Interessant wirkt es, wenn die Kanten direkt am Helm, also dort, wo eine Art „Schattenfuge" entsteht, etwas dunkler abgesetzt sind. Das geht auch gut mit einem wasserfesten Stift.

Die Kinder bemalen ihren Helm nach Belieben, bekleben ihn und befestigen bunte Federn oder Bänder an der Spitze. Wer es glitzernd mag, klebt eine Schicht Alufolie auf. Besprüht mit Silberlack oder silbernem Ofenrohrspray, wirkt er besonders echt.

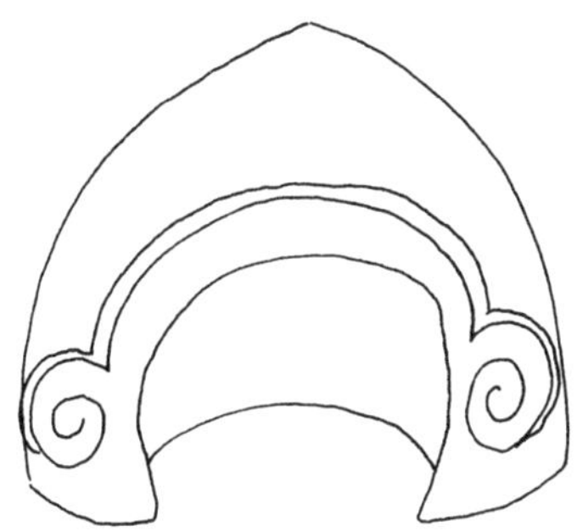

Ritterhelm aus Pappkaschee

Ohrenklappen basteln die Kinder aus bemalter Pappe und hängen sie mit Schnüren an. Dazu werden mit einem normalen Bürolocher sowohl in den Helm als auch in die Ohrenklappen Löcher gestanzt.

Tipp

Haben Sie keine Zeit dazu, Helme aus Luftballons in Pappkaschee-Technik herzustellen, zerschneiden Sie stattdessen einfache Plastikbälle, und lackieren Sie diese mit Silberspray.

Brustpanzer, Schienbeinschützer

Das können Sie gut gebrauchen

- Pappe
- Lederreste
- Waschleder- oder Stoffstücke
- Lederschnüre oder Bindfaden
- Plakatfarben, Lack oder Alufolie

- Kleber
- Schere
- Locher oder Lochzange

So wird es gemacht

Für den Brustpanzer (so genannter Brustharnisch) schneiden die Kinder die 2- oder 3-teilige Panzerform aus Pappe aus und befestigen sie mit Bändern aneinander. Die Löcher, durch die das Band zum Befestigen gezogen wird, können sie mit dem Locher in die Pappe stanzen.

Jetzt bemalen oder lackieren die Kinder ihren Panzer noch, oder sie bekleben ihn mit Alufolie. Vielleicht wollen die Kinder noch ihr persönliches Wappen auf den Panzer malen oder aufkleben. Das gibt ihm den letzten Schliff.

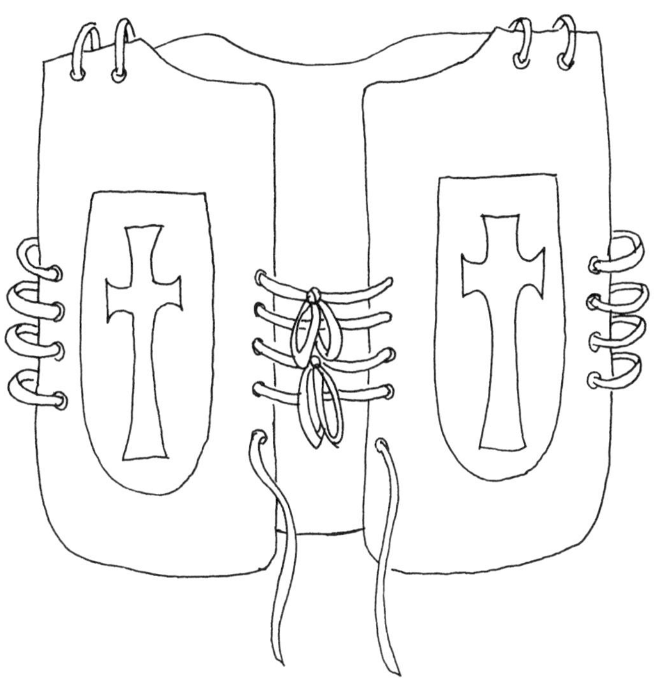

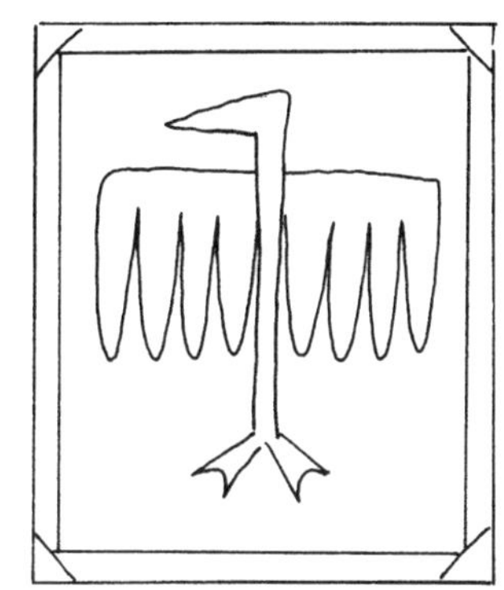

Variante

Alternativ können die Kinder ihren Brustpanzer auch aus Leder herstellen. Lederreste gibt es im Großhandel günstig zu kaufen. Kleine Lederplatten klebt man auf ein dünnes Waschleder oder einen anderen Stoff, andere Lederreste können die Kinder einfach aneinanderkleben. Großes, festes Leder befestigen die Kinder mit Schnüren (z.B. Lederbänder oder Bindfaden) aneinander.

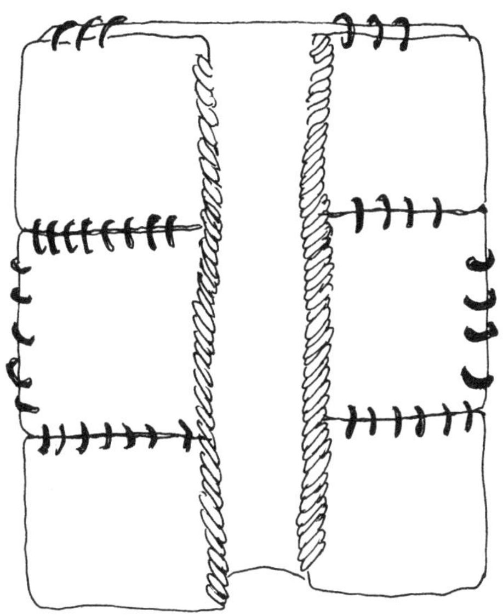

Schienbeinschützer können die Kinder genauso einfach aus Pappe oder Leder herstellen. Dazu sollten sie die Teile vor dem Zuschneiden ihrer Beinlänge und -dicke anpassen. Dabei brauchen sie ein wenig Hilfe von Ihnen. Wer mag, kann seinen Schienbeinschützer auch aus mehreren Teilen zusammensetzen. Vielleicht basteln die Kinder dann sogar auch einen Teil für Knie und Oberschenkel. Mit einem Locher stanzen die Kinder schließlich noch 3 Löcher in die Schützer, durch die sie die Fäden zum Befestigen ziehen können.

Kettenhemden und Kettenhandschuhe

Vermutlich haben nur wenige die Fähigkeit und Muße, aus silbernem Garn selbst zu häkeln oder zu stricken oder gar aus echten Metallringen ein Kettenhemd herzustellen. Stattdessen können solche Kleidungsstücke aus bemaltem Papier, Filz, Moosgummi, Fleece, Jute oder Stoff hergestellt werden. Praktischerweise gibt es silberne, grobmaschige Stoffe zu kaufen.

Das können Sie gut gebrauchen

- Papier oder Stoff; Filz, Moosgummi, Fleece, Jute oder Baumwollstoff; alternativ ein altes T-Shirt für den Zuschnitt des Kleidungsstückes
- Lederreste für die Handschützer
- Silberspray, Silberfarbe; silberner Filzstift
- Faden
- Pappe, graues Tonpapier oder Fotokarton
- Alleskleber (mit Lösungsmittel)
- farbiges Klebeband oder Geschenkband
- Schnüre oder Gummibänder

- Schere
- Nadeln
- Tacker

So wird es gemacht

Besonders echt wirkt ein Kettenhemd, das die Kinder aus sehr grobem Jutestoff, z.B. einem alten Kartoffelsack, herstellen. Diesen besprühen oder färben sie zunächst mit silberner Farbe (evtl. Stofffarbe).

Nach untenstehenden Beispielen können die Kinder nun daraus ein Hemd oder Handschuhe nähen. Als Schnitt für die Hemden nutzen Sie einfach ein passendes T-Shirt des Kindes. Haben die Kinder einen weniger grobmaschigen Stoff verwendet, können sie die Ketten mit einem silbernen Filzstift auf das T-Shirt malen.

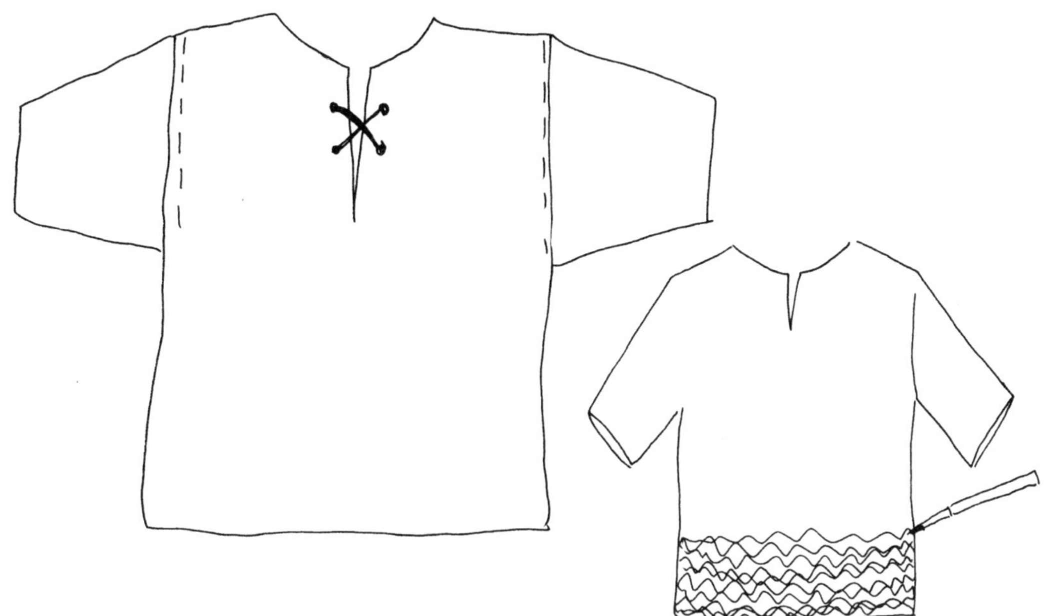

Kettenhemden und Kettenhandschuhe

Statt der Ketten sehen auch „Schuppen" richtig echt aus. Dafür bemalen oder besprühen die Kinder eine Pappe oder nehmen graues Tonpapier oder Fotokarton. Nun schneiden sie gleichmäßig große Schuppen aus der Pappe aus. Einfacher ist es, wenn Sie eine Vorlage für die Schuppen zeichnen (evtl. am Computer) und auf Tonpapier kopieren.

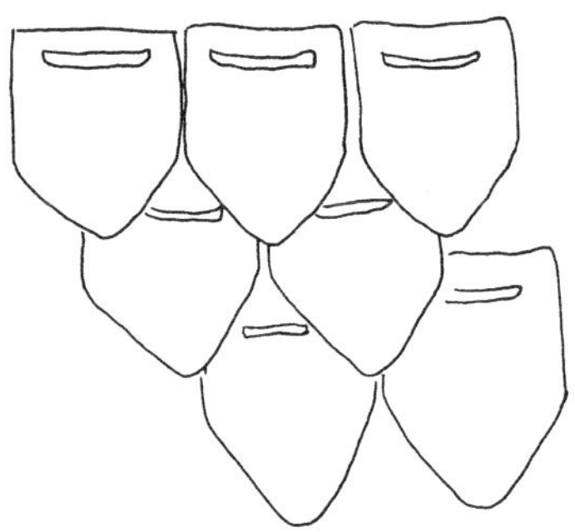

Die Schuppen müssen nun an das Hemd angetackert oder genäht werden. Alternativ funktioniert es auch recht gut, wenn die Kinder ihre Schuppen mit einem starken Alleskleber einfach aufkleben. An den oberen Rand, am Halsausschnitt, kleben die Kinder ein farbiges Klebeband oder ein Geschenkband als Verzierung. Gleichzeitig schützt dies aber auch den Hals vor Kratzern durch das harte Schuppen-Papier.

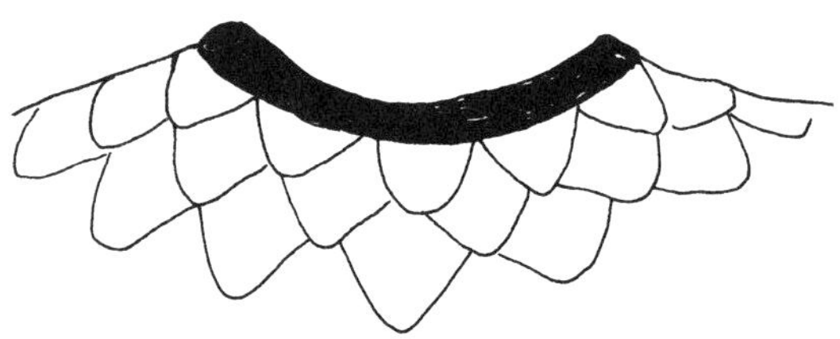

Die Handschuhe fertigen die Kinder nach gleichem Muster an wie das Kettenhemd. Für die Handschuhe bedarf es allerdings der Hilfe eines Erwachsenen.

Die Kinder sollten die Handschuhe ohne Fingerspitze anfertigen, dann passen sie besser. Zunächst zeichnen die Kinder ein „Handmuster" zweimal auf den Stoff auf. Dieses Muster dient als Vorlage für den Handschuh-Zuschnitt.

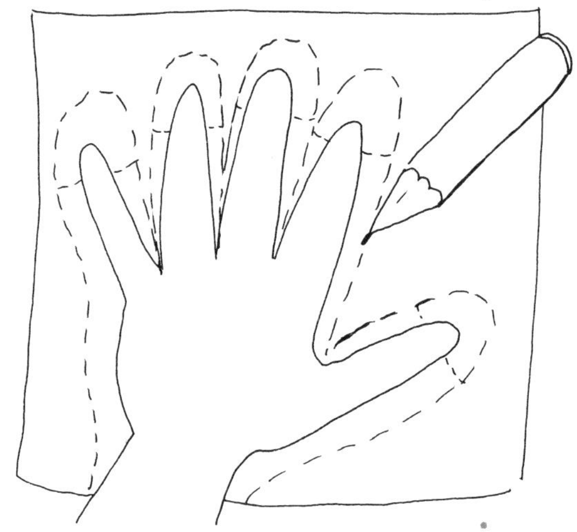

Die Kinder schneiden die Handschuh-Vorlagen nun aus und nähen sie mit Ihrer Hilfe ordentlich am Rand zusammen. Eventuell können die Kinder die Handschuhe anschließend umstülpen.

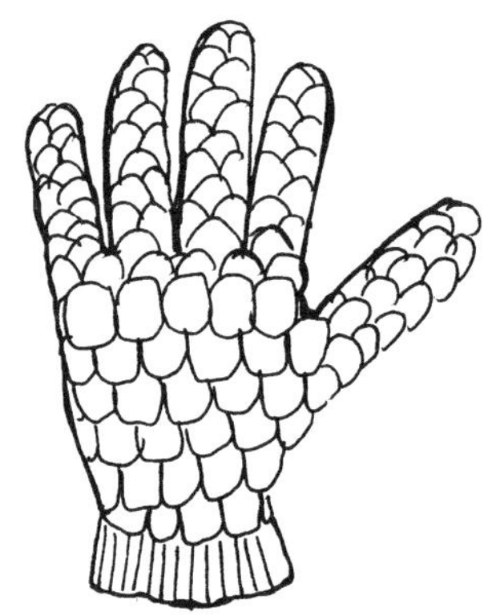

Tipp

Wer einfache Handschuhe übrig hat, kann darauf „Schuppen" annähen.

Variante

Wenn es für die Kinder dennoch zu schwierig ist, Handschuhe zu nähen, können sie auch einfache „Handschützer" basteln: Dafür übertragen sie ihre Handgröße zunächst wieder auf Papier. Nun schneiden die Kinder sich eine einfache Handschutzform zurecht. Sie übertragen dieses Schnittmuster auf einen Stoff oder ein Stück Leder und schneiden es aus.

Mit einem Locher oder einer Lochzange stanzen die Kinder mindestens vier Löcher in die vier Ecken des Schützers und fädeln eine Schnur hindurch. Wem das Zubinden zu schwierig ist, kann auch Gummibänder einfädeln und verknoten.

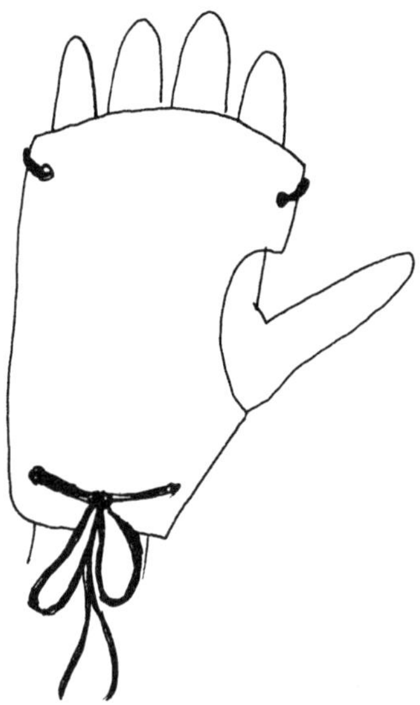

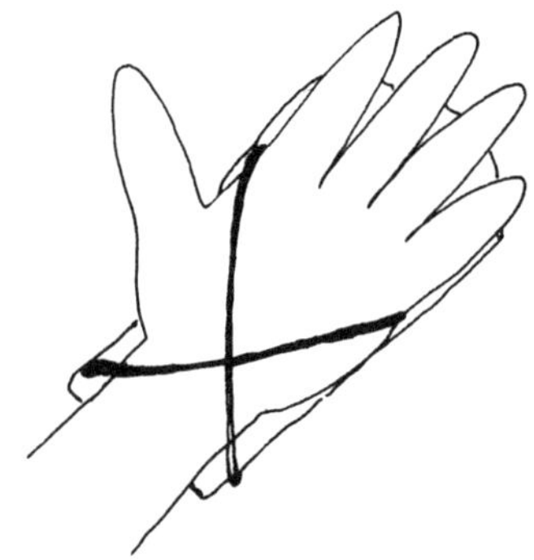

Tipp

Besorgen Sie einfache, weiße Stoffhandschuhe (z.B. aus dem Baumarkt für Elektriker), und sprühen Sie sie mit Silberlack ein. Einfache Handschuhe gibt es aber auch im Kleiderdiscounter sehr günstig zu kaufen.

Arbeiter, der Marshall oder Herold und andere Angestellte im Mittelalter trugen häufig Umhänge über den Schultern und Kapuzen auf dem Kopf. Mit einer einfachen Technik können die Kinder solche Umhänge und Kapuzen selbst herstellen.

Das können Sie gut gebrauchen

- Filz, Fleece oder Waschleder
- ein alter Pullover

- Schere
- Nadel und Faden
- starker Kleber

So wird es gemacht

Die Kinder zeichnen die Grundform für den Umhang zweimal auf Filz, Fleece oder Waschleder auf und schneiden sie aus.

Mit ein paar Stichen nähen die Kinder die beiden Teile zusammen. Wer es noch einfacher haben will, kann die Teile auch zusammenkleben. Nur zusammentackern sollten die Kinder die beiden Teile nicht, da sich die Tackernadeln recht schnell lösen und zu Verletzungen führen könnten.

> *Tipp*
> **Alternativ können die Umhänge auch aus alten Pullovern ausgeschnitten werden. Sweatshirtstoff trennt normalerweise nicht auf, sondern kringelt sich zusammen. Auch Fleecepullis sind für solche Umhänge gut geeignet.**

Folgende Muster sollen Ihnen als Anregung dienen:

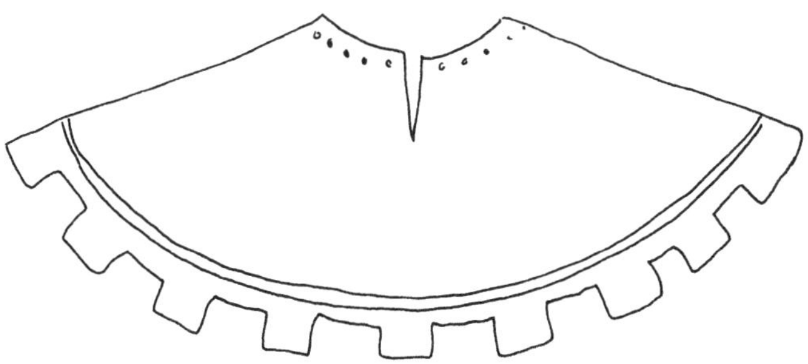

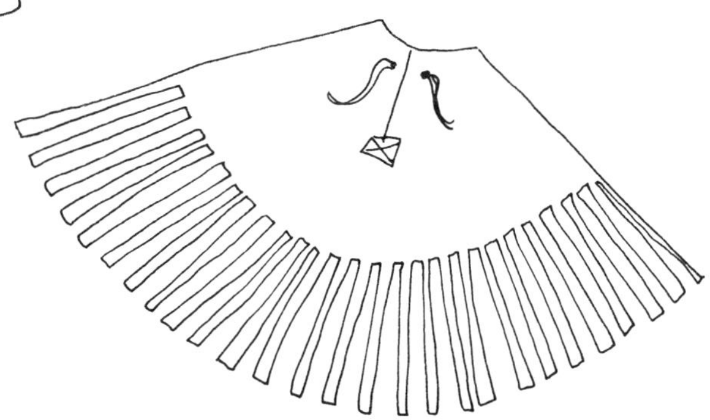

Umhänge und Kapuzen

Die Kapuzen schneiden die Kinder z.B. aus einem alten Pullover aus. Der Ärmel eines Erwachsenenpullovers ist hierfür ideal: Die Kinder schneiden ihn ab und nähen ihn an der schmaleren Seite zusammen. Ab etwa fünf Jahren schaffen das die meisten Kinder schon ganz gut selbst.

An einer der längeren Ärmelseiten schneiden die Kinder nun noch ein Loch für das Gesicht aus. Dann können sie ihre Kapuze wie eine Mütze über den Kopf ziehen.

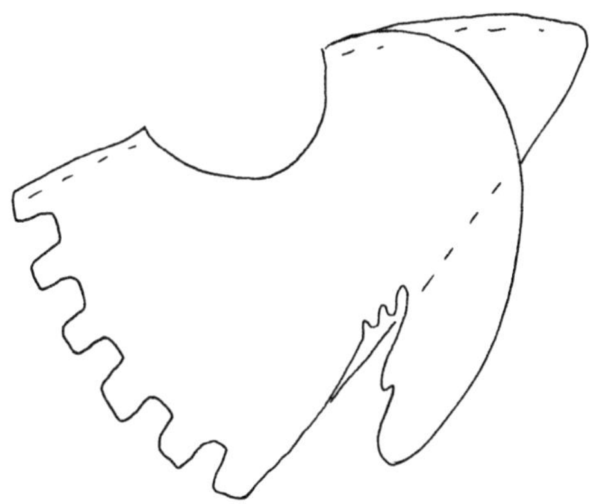

Tipp

Für ihre Stiefel oder Schuhe können die Kinder „Borten" im gleichen Muster anfertigen.

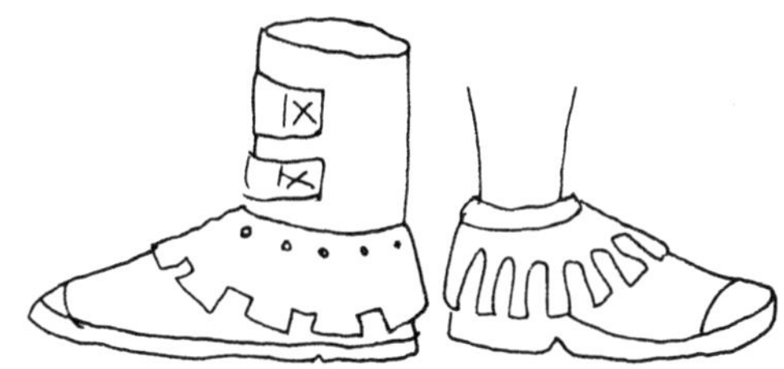

Hut für die Hofdame

Das können Sie gut gebrauchen

- Tonpapier (alternativ: alte Schultüte)
- Farben
- Bänder, Schnüre oder Federn
- Gummiband

- Kleber
- Schere

> *Tipp*
> **Schulkinder können hierfür einfach die ausgediente Schultüte verwenden.**

So wird es gemacht

Die Kinder rollen einen Bogen Tonpapier zu einer Spitztüte zusammen und kleben die beiden aufeinandertreffenden Seiten. Dabei achten sie darauf, dass sie die Öffnung ihres Spitzhutes so groß lassen, dass der Hut noch auf ihren Kopf passt.

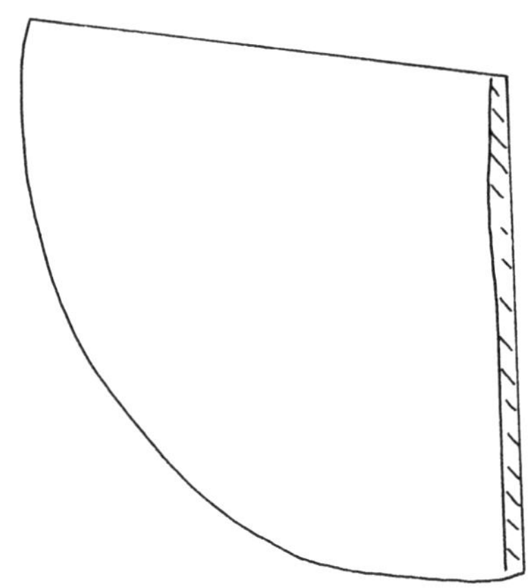

Sinnvoll ist es, wenn sie die Kopföffnung mit einem weichen Band bekleben, damit der Hut am Kopf nicht drückt. Evtl. kleben oder knoten die Kinder noch ein Gummiband an, um den Hut unterm Kinn zu fixieren, so fällt er auch bei Tanzspielen nicht vom Kopf.

Zum Schluss bemalen und verzieren die Kinder ihre Spitztüte. An die Spitze stecken oder kleben sie Bänder, (geflochtene) Schnüre oder Federn.

Fahnen und Wappen

Da jede Burg und jedes Fürstentum oder Königreich ein eigenes Wappen braucht, denken sich die Kinder auch eines aus. Sie überlegen dafür genau, welche Symbole sie wählen könnten. Dafür suchen sie typische Merkmale und Eigenschaften ihrer „Burg", also z.B. des Kindergartens, und versuchen, diese zeichnerisch umzusetzen. Natürlich können sie auch einfach ein Symbol erfinden.
Ihrer Fantasie sind hier keine Grenzen gesetzt.

Das können Sie gut gebrauchen

- Papier
- evtl. Stoff
- Stifte
- Farben, z.B. Acrylfarbe oder Wachsmalkreide
- Holzstab
- Fäden zum Festbinden

- Schere
- Locher

So wird es gemacht

Die Kinder zeichnen die Form ihres Wappens auf Papier oder Stoff auf und gestalten im Rahmen dieser Form ein Wappen. Anschließend schneiden sie ihr Wappen aus.

Die Wappen können zu Fahnen und Wimpeln verarbeitet werden. Dazu können die Kinder mit einem Locher zwei Löcher in ihr Wappen stanzen und es mit einem Faden an einem Fahnenstab befestigen.

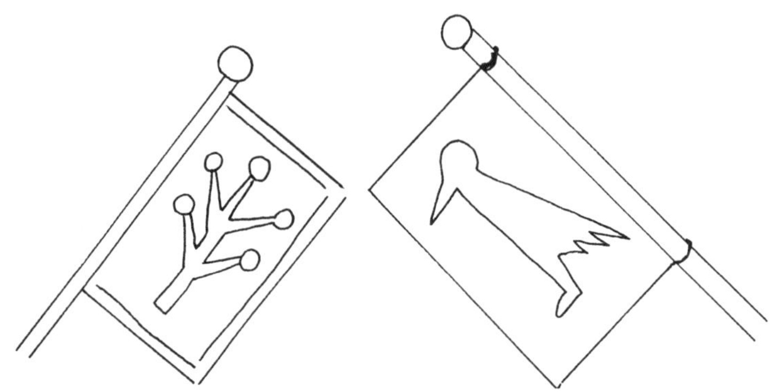

Variante

Natürlich finden die Wappen auch ihren Platz auf dem Helm, dem Brustharnisch oder dem Spitzhut der Burgherrin.

Tipp

Fertigen die Kinder eine Schablone ihres Wappens an, können sie es leicht auf andere Pappstücke übertragen und somit mehrere Wappen für unterschiedliche Gegenstände herstellen. Auch mit dem heute noch selten benutzten „Kohlepapier" aus der Zeit der Schreibmaschinen lassen sich Zeichnungen gut übertragen.

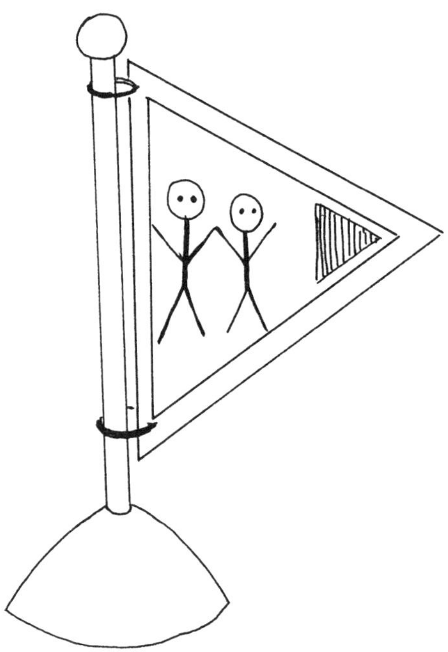

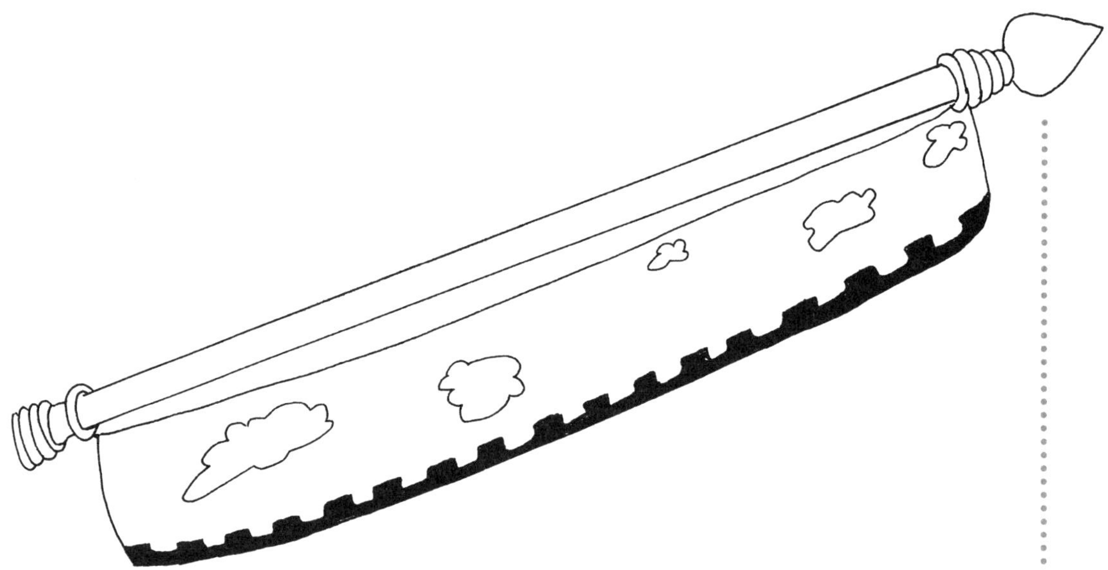

Modell-Burg aus Pappe

Das können Sie gut gebrauchen

- Papier und Tonpapier
- Küchenrollenkarton
- Schuhkarton
- evtl. Kleister und Zeitungspapier
- Farbe uns Buntstifte
- Kartoffeln, Radiergummis oder Korken zum Stempeln
- Naturmaterialen, z.B. Äste, Blätter etc.
- Glas

- Kleber
- Schere

So wird es gemacht

Eine Art Modell-Burg können die Kinder ganz nach ihren Vorstellungen aus Karton, Papier oder Tonpapier herstellen. Sie fertigen daraus Türme an, die sie an einen Schuhkarton kleben.

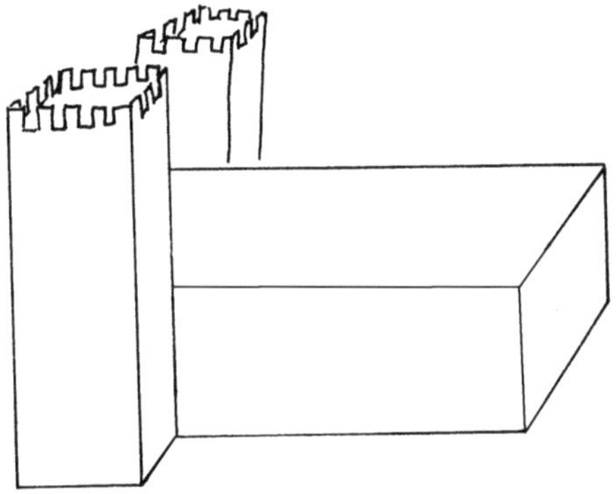

Details malen sie anschließend auf diese Türme auf. Um das Mauerwerk aufzudrucken, können die Kinder z.B. auch einen Stempel aus Kartoffel, einem alten Radiergummi oder Korken herstellen.

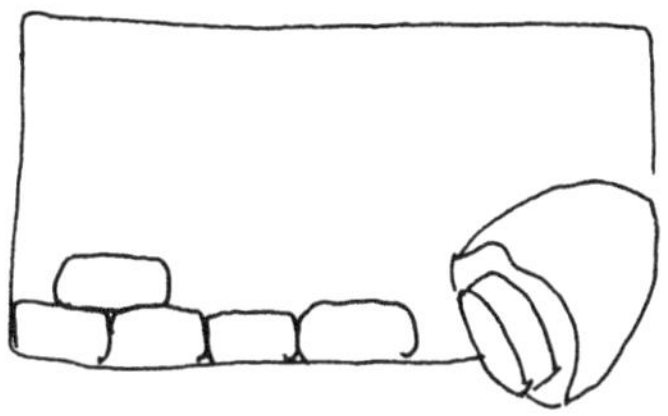

Modell-Burg aus Pappe

Aus Naturmaterialien lassen sich kleine Utensilien basteln, die zu einer Burg gehören: Eine Zugbrücke wird aus dem Karton herausgeschnitten und mit kleinen Ästen beklebt.

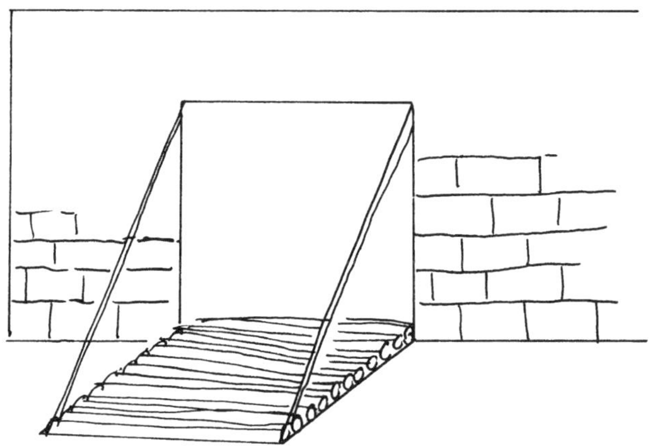

Sollen die Türme rund sein, verwenden die Kinder einfach Küchenpapierrollen. Ein Turm-Dach schneiden sie aus Tonpapier aus. Dafür nehmen sie ein Glas als Kreisvorlage, zeichnen damit eine Kreisform auf Tonpapier auf und schneiden den Kreis aus. Anschließend schneiden sie den Kreis noch an einer Seite bis zur Mitte ein.

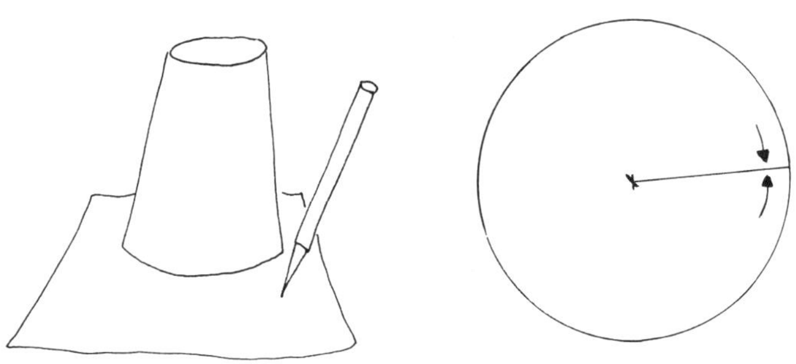

Das Dach braucht jetzt noch eine Dachziegelbemalung. Mit Buntstiften malen die Kinder Dachziegelformen auf ihr Turmdach. Zum Schluss müssen sie die Enden des eingeschnittenen Kreises noch etwas ineinander verschieben und an den beiden überlappenden Seiten festkleben. Das Dach ist damit fertig und wird auf den Turm aufgeklebt.

Tipp

Eine große Ritterburg ist eine aufregende Dekoration für den Gruppenraum oder den Gang. Hierfür eignen sich am besten große Bahnen Karton. Um die Modell-Burg im Großformat zu stabilisieren, können die Kinder sie mit Papier und Kleister kaschieren und anschließend bemalen.

Mittelalterliche Handarbeiten

Die einfachen Leute mussten im Mittelalter ihre Kleider selbst nähen und flicken. Solche Handarbeiten waren im Mittelalter Frauensache. Doch wenn ein Mann alleine lebte, musste auch er wissen, wie solche Handarbeiten gemacht werden.
Jungs entwickeln häufig ein besonderes Geschick für Näharbeiten, wenn sie damit einen Zweck verbinden. Sie haben genauso viel Freude an ästhetischer Ausschmückung wie Mädchen, nur wird es meist nicht erkannt. Gehen Sie also mit gleichen Erwartungen auf die Jungen und Mädchen zu, und bieten Sie ihnen verschiedene Handarbeiten an.

Das können Sie gut gebrauchen

- Baumwolle, Wolle oder andere Fäden
- Nähstoff (Stramin oder alte Gardinen-Stores)

- Tacker
- Stickrahmen oder Keilrahmen
- Webrahmen oder Brett mit Nägeln
- stumpfe Sticknadeln
- Bleistift
- Webschiffchen aus Pappe, Plastik oder Holz
- einen groben Kamm

So wird es gemacht

Sticken

Sticken gelingt schon Kindern ab etwa vier Jahren gut, wenn dafür ein grobmaschiger Stoff, z.B. Stramin, auf einen Stickrahmen gespannt wird. Alternativ können Sie auch einen normalen Holzrahmen benutzen, auf den Sie den Stoff tackern.

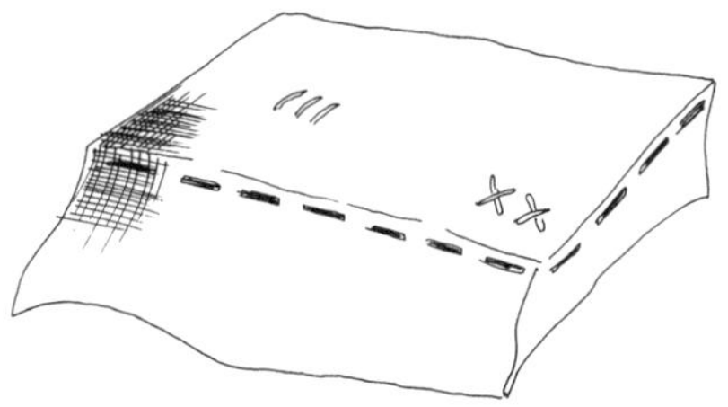

Zum Sticken benutzen die Kinder eine dicke, stumpfe Sticknadel mit großem Öhr, sodass sie einen entsprechend dicken Stickfaden verwenden können. Es muss gar kein (teures) Spezialstickgarn sein. Auch einfache Baumwolle oder andere Wolle eignet sich, sofern sie sich nicht in mehrere Fäden spaltet.

Mittelalterliche Handarbeiten

Lassen Sie die Kinder zunächst einfach herumprobieren. Dafür können sie auch gut alte Vorhänge, so genannte Stores, verwenden, die gerade durch unterschiedliche Maschengrößen und Muster dazu anregen, Verschiedenes auszuprobieren. Wer möchte, kann nun auch bestimmte Stiche lernen, z.B. einen Kreuzstich.

Geübte Sticker dürfen ein Bild sticken. Dazu malen sie zunächst mit Bleistift das Motiv auf, das sie sticken wollen. Anschließend versuchen sie, die Linien nachzusticken.

Weben

Webarbeiten gehören in vielen Kindergärten zum obligatorischen Vorschulprogramm. Doch auch jüngere Kinder ab etwa vier Jahren können bereits mit einfachen Fädelarbeiten beginnen. Dazu weben sie zunächst mit nur 5 oder 7 Schnüren, die über einen einfachen Holzrahmen gespannt oder mit Nägeln auf einem Brett befestigt sind. Die Kinder weben mit Woll- oder Bindfäden, die auf Stöckchen oder „Schiffchen" aus dicker Pappe gewickelt sind.

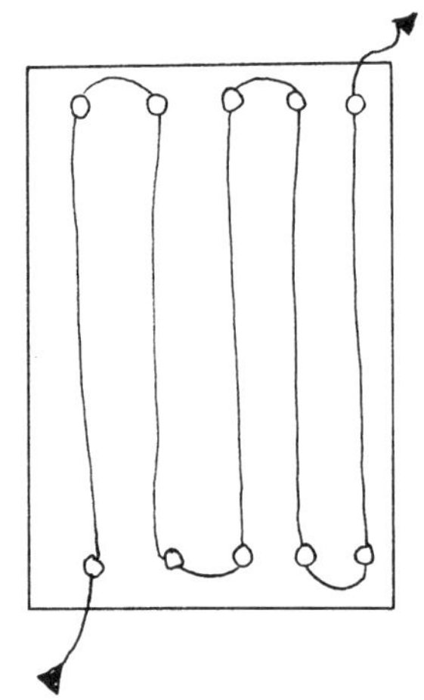

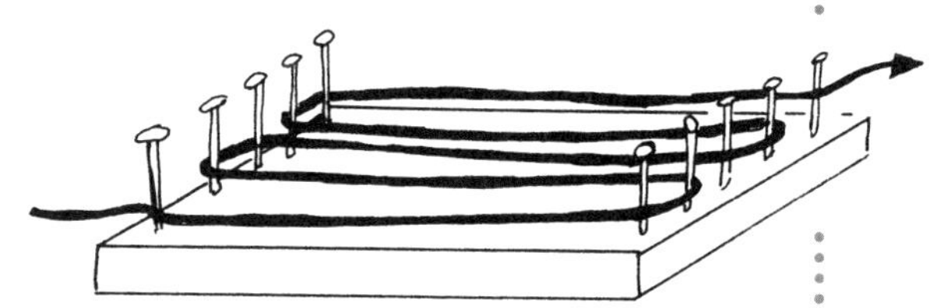

Mit einem einfachen grobzinkigen Kamm müssen die Fäden immer wieder vorsichtig zurückgeschoben werden, damit der Stoff später schön fest wird.

> *Tipp*
>
> **Ein fertig gewebtes Band können die Kinder später für einen selbstgemachten Schellenkranz verwenden. Andere Webstücke sind einfache Zierde, oder die Kinder verarbeiten sie zu kleinen Beuteln und Taschen.**

Instrumente für den „Minnesänger“ herstellen

Das können Sie gut gebrauchen

- ein etwa 5 cm breites Band oder ein selbstgewebtes Band
- etwas Schnur (z.B. Wolle)
- Glöckchen
- biegsamer Ast oder Stock
- Kunststoff-Blumentopf mit etwa 8–10 cm Durchmesser
- Transparentpapier
- Schuhkarton oder Holzkiste
- Musterbeutelklammern
- alte Gitarrensaiten oder Nylonfaden (Angelschnur, Perlenschnur)
- Käseschachtel
- kurzer Stock oder entrindeter Ast
- Kleister und Zeitungspapier
- Farben zum Bemalen
- Holzperlen
- Federn, Bänder o. Ä. zum Verzieren

- Klebeband
- Kleber
- spitze Schere
- Vorbohrer

So wird es gemacht

Schellenkranz

Für die mittelalterlichen Tänze ist der Schellenkranz unerlässlich. Dafür müssen die Kinder einfach nur einige Glöckchen auf ein Stoffband nähen. Verwenden die Kinder ihr eigenes gewebtes Band für den Schellenkranz, können sie ein paar Schnüre an das Band knoten und dieses damit an ihrem Arm oder Bein befestigen.

> *Tipp*
> **Auch ein Schellengürtel oder einzelne Glöckchen an lustigen Mützen und Hüten sind wunderbare Instrumente für fröhliche Mittelaltermusik.**

Astgeige mit „Verstärker“

Für ihre Astgeige suchen sich die Kinder einen biegsamen Ast, oder sie verwenden einen Stock aus dem Baumarkt, den sie vorsichtig biegen wie einen Indianerbogen. Nun befestigen Sie mit den Kindern an beiden Enden eine Gitarrensaite oder Nylonschnur.

Instrumente für den „Minnesänger" herstellen

Den Blumentopf bekleben die Kinder mit einer „Membran" aus Transparentpapier. Sobald die Membran etwas angetrocknet ist, befestigen die Kinder den Topf am gebogenen Griff ihrer Astgeige. Das geht gut mit Klebeband.

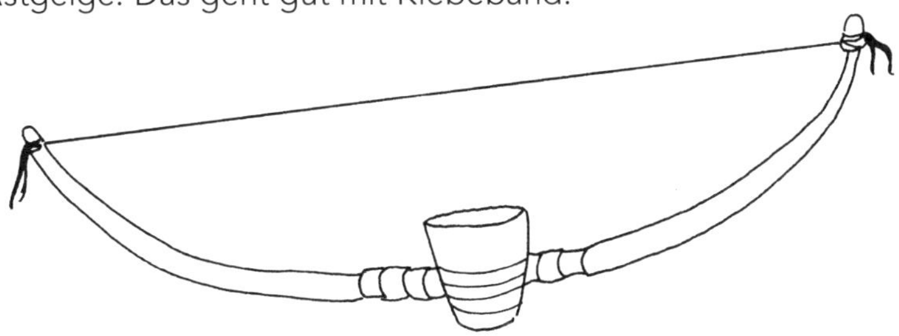

> *Tipp*
>
> **Der Topf dient als Klangverstärker. Lassen Sie die Kinder ausprobieren, was ein größerer oder kleinerer Topf bewirkt und wie unterschiedlich die verschieden langen Astgeigen klingen, wenn man sie zupft oder mit einem Stock „anschlägt".**

▶ Kistenklampfe

Die Kinder gestalten einen Schuhkarton nach ihren Vorstellungen. Auf der kurzen Seite versehen sie ihren Karton in regelmäßigen Abständen mit einigen Löchern. Das geht ganz gut mit einer spitzen Schere.

Durch die Löcher stecken die Kinder Musterbeutelklammern, wobei die Köpfe der Klammern jeweils nach außen zeigen.

Die Nylonschnur oder Gitarrensaiten müssen die Kinder nun an den Klammern befestigen und über die offene Seite des Schuhkartons spannen.

Vielleicht nehmen die Kinder auch zuerst Maß, holen die Klammern an einer Seite noch mal heraus und knoten zuerst die Saite an, bevor sie die Klammer wieder einstecken. So erhöhen sie die Spannung. Werden die Saiten unterschiedlich fest gespannt, klingen sie beim Anzupfen verschieden hoch.

▶ Handtrommel

Eine einfache Käseschachtel aus Pappe, rund oder oval, ist ideal als Bastelgrundlage für eine Handtrommel. Zunächst bohren die Kinder an zwei gegenüberliegenden Seiten kleine Löcher in die seitliche Schachtelwand. Diese Löcher stechen sie am besten mit einer spitzen Schere oder einem Vorbohrer gleichzeitig durch beide Schachtelteile. Den Deckel müssen die Kinder nun auch noch von den Löchern senkrecht bis zum Rand einschneiden.

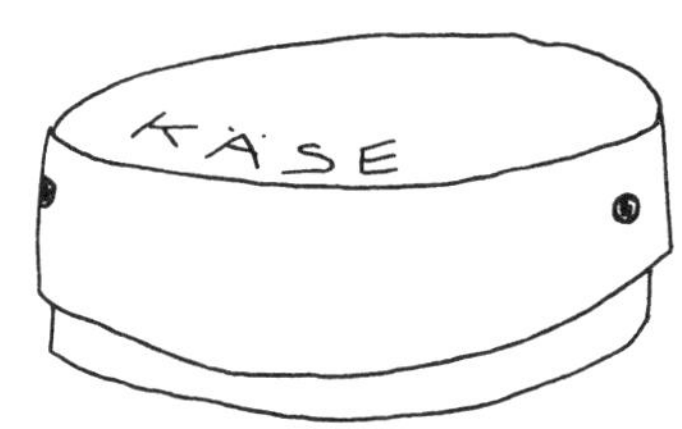

Instrumente für den „Minnesänger“ herstellen

Jetzt fädeln die Kinder je eine etwa 10 cm lange Schnur durch die Löcher in der seitlichen Schachtelwand und knoten sie innen fest. Ist das Loch recht groß geraten, sollte die Schnur festgeklebt oder noch um ein Stückchen Papier gewickelt werden, damit sie nicht wieder durchrutscht.

Nun tragen die Kinder etwas Kleber rund um den Rand auf, ohne dabei zu nah an die Schnüre zu kommen. Jetzt setzen sie den Deckel so auf, dass die Schlitze über die Schnur geschoben werden. Nach dem Andrücken sollte die Schachtel fest verschlossen sein und die Schnüre auf beiden Seiten heraushängen.

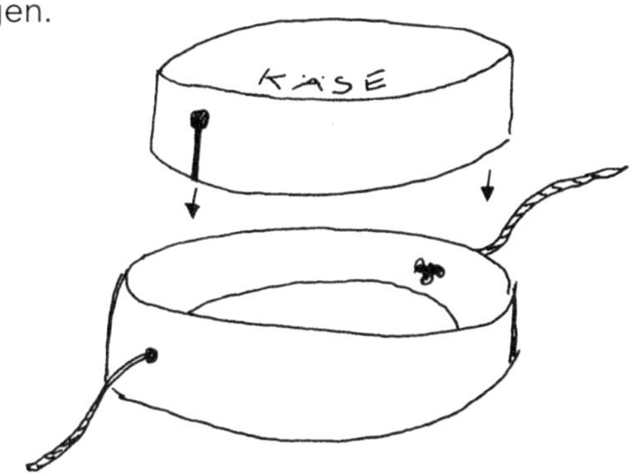

An einem kurzen Stock (ein entrindeter Ast eignet sich gut) befestigen die Kinder die Käseschachtel. Dafür bohren sie zunächst mit dem Vorbohrer und dann mit dem Stock selbst vorsichtig ein Loch in eine Seite der schmalen Schachtelwand und vergrößern es, bis der Stock fest darin stecken bleibt. Wackelt die Schachtel trotzdem, kann noch etwas Klebeband zum Festigen helfen.

Jetzt bekleben die Kinder ihre Schachtel noch mit Kleisterpapier. Dabei können sie die Schachtel auch noch etwas fester an den Stock kleben.

> *Tipp*
> **Den Schachtelboden und -deckel sollten die Kinder nur dünn mit Kleisterpapier bekleben (eine Schicht sollte reichen), damit diese beiden Flächen später noch schwingen und einen guten Klang erzeugen.**

Ihre Trommel können die Kinder dann noch schön verzieren, indem sie sie bemalen oder mit farbigen Schnüren, Federn usw. schmücken. An die Enden der Schnüre fädeln die Kinder Holzperlen. Um nun einen Klang zu erzeugen, müssen die Kinder den Griff rhythmisch hin und her drehen, damit die Holzperlen auf die Trommel schlagen.

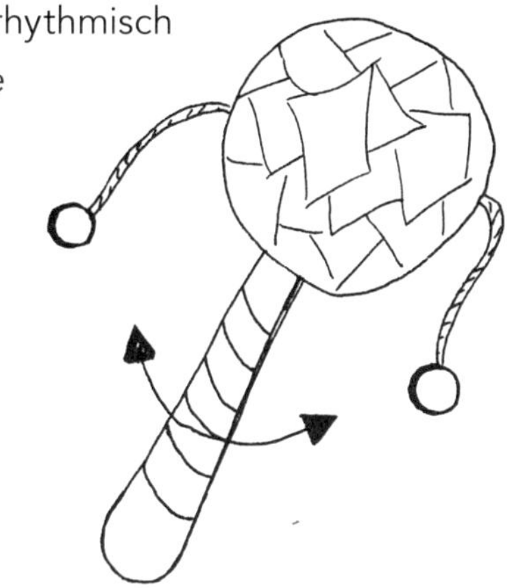

Das alte Ägypten

Das Reich der Pharaonen fasziniert nicht nur die Kinder. Stellen wir uns vor, wie hunderte Menschen ohne Maschinen riesige Pyramiden errichteten. Sieht man sich Bücher über das alte Ägypten an, fallen vor allem die immer gleichen Figuren, aufrecht und zur Seite schauend, auf. Statuen von Göttern und Königen zeigen die große Kunstfertigkeit der Menschen dieser Zeit zwischen ca. 3300 v. Chr. und ca. 640 n. Chr. Das einfache Volk lebte bescheiden, und doch hatten die Kinder Spielzeug und lustige Spielideen. Besonders fasziniert sind die Kinder von goldenen Verzierungen, mystischen Tierbildern und den Mumien bzw. deren Särgen. Gerade das Thema „Altes Ägypten" setzt voraus, dass sich auch die Erzieherin auf die Reise begibt und mit den Kindern viele Bücher ansieht und daraus vorliest, Ausstellungen besucht und so die Zeit ein Stück in die heutige Welt, in den Kindergarten holt.

Was Sie auf Ihrer Reise in diese Zeit auch noch einplanen können

- Die Sprache der Ägypter – wie klingt sie?
- Lieder, Musik und Tänze
- Theaterstücke
- Ausflüge zu Ausstellungen und Museen
- Diashow oder Film zum Thema ansehem

Papyrus herstellen

Dieses Angebot beinhaltet mehrere positive Aspekte: Die Kinder lernen den Prozess des Papierherstellens kennen, sie üben, einen Prozess komplett durchzuführen. Auf das selbstgemachte Papier lässt sich malen und zeichnen, oder man bastelt etwas daraus. Besonders aber ist der Umweltcharakter hervorzuheben.
Die Kinder erfahren, wie sie aus altem, wertlosem Material etwas Neues, Wertvolles herstellen können. Sie lernen so, das Material Papier anders wertzuschätzen und erkennen, dass sie Papier nun viel intensiver verwenden sollten, anstatt es nach einem Pinselstrich wegzuwerfen.

Das können Sie gut gebrauchen

- alte Zeitungen
- getrocknete (Blüten-)Blätter

- Wanne mit heißem Wasser
- Holzrahmen (Keilrahmen, alter Bilderrahmen)
- feines Drahtgitter als Netz
- mehrere Stücke Fleece oder Filz
- Tacker
- Rührlöffel; alternativ: Mixstab mit Akkuschrauber oder Haushaltsmixer
- Schere
- schwere Bücher zum Pressen

So wird es gemacht

Um echtes Papyrus herzustellen, müssten die Kinder eigentlich auch die echte Pflanze benutzen. Einfacher und für Kinder effektiver ist es aber, wenn sie neues Papier aus altem Papier herstellen. Dafür reißen sie Zeitungspapier in kleine Schnipsel und geben die Schnipsel in eine möglichst große Wanne mit heißem Wasser. Das heiße Wasser löst die Druckerschwärze aus dem Papier und macht es weich und breiig.

Um die Druckfarbe etwas zu reduzieren, können die Kinder nach ein paar Stunden das Wasser auswechseln. Nun dürfen die Kinder noch ein paar kleine Blütenblätter oder feine getrocknete Blätter hineingeben. Die Papierbrühe bleibt über Nacht in der Wanne stehen.

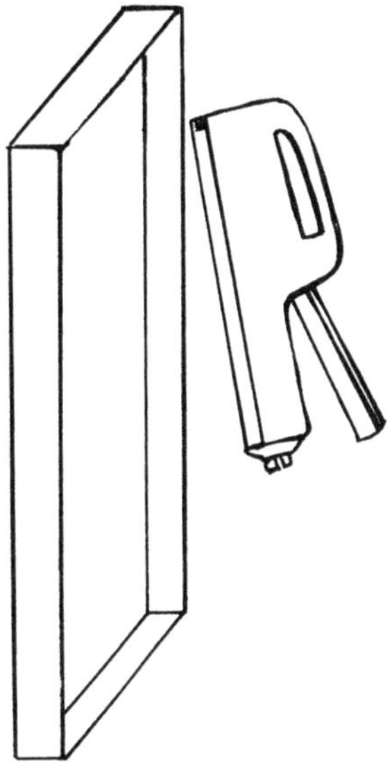

Aus einem Rahmen und einem feinen Drahtnetz fertigen die Kinder mit Ihrer Hilfe ein Sieb an. Das Netz muss sehr fest über den Rahmen gespannt werden. Am besten zieht man es dafür um den Rand herum und tackert es auf der Unterseite fest.

Ist das Papier nun ausreichend aufgeweicht, rühren die Kinder es in der Wanne noch einmal kräftig mit einem Rührlöffel durch. Zum Rühren eignet sich auch ein Mixstab sehr gut, den man auf einen Akkuschrauber aufsetzt. Alternativ können Sie auch mit einem Haushaltsmixer rühren. Sollten Sie sich aber für diese Rührvariante entscheiden, ist es wichtig, dass Sie hier selbst rühren. Für die Kinder ist dies auf Grund der elektrischen Spannung zu gefährlich.

Achtung

Vorsicht, die Druckerschwärze färbt weißen Kunststoff grau!

Den Filz oder Fleece schneiden Sie in etwa siebgroße Stücke zurecht. Jedes Kind benötigt für einen Bogen Papier zwei Stücke Filz. Die ausgeschnittenen Filz- oder Fleecestücke legen die Kinder sich für weitere Arbeitsschritte schon einmal bereit.

Jetzt müssen die Kinder das Papier schöpfen. Dazu tauchen sie das Sieb (mit der Netzseite oben) tief in die Wanne mit dem Papierbrei und ziehen es vorsichtig wieder nach oben. Der Brei sollte als dünne Schicht auf dem Sieb liegenbleiben, das Wasser läuft ab.

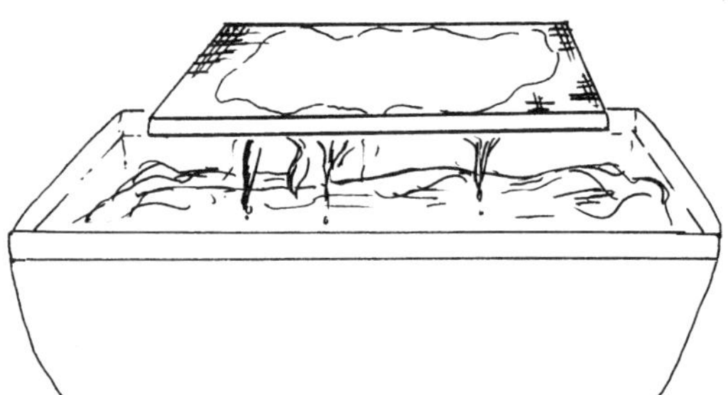

Nun stürzen die Kinder das Sieb bzw. das „Papier" auf dem Sieb auf ihr Stück Filz oder Fleece. Mit der Handfläche drücken sie oben auf die Siebfläche, bis sich die Papiermasse löst und auf dem Filz liegenbleibt. Das zweite Stück Filz oder Fleece legen sie dann darauf.

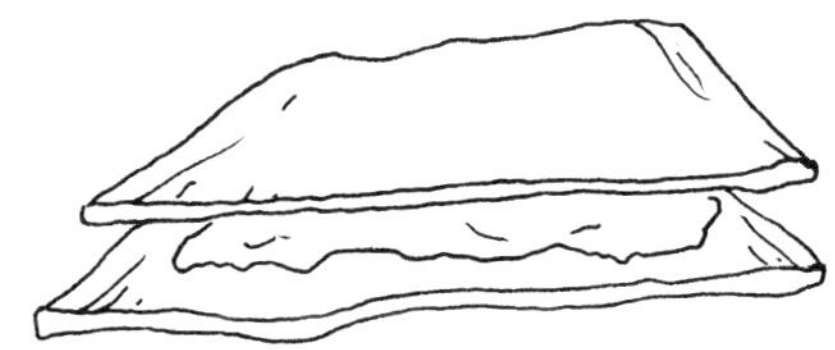

Die gesamte Lage muss jetzt in die „Presse". Dafür reicht es aus, einige dicke Bücher bereitzuhalten, die die Kinder nun auf die Filz- oder Fleecedecke walzen. Ideal ist es, wenn sie als unterste Schicht unter dem Fleece oder Filz noch ein paar Lagen alte Zeitungen legen. Kommen nun weitere Lagen Filzpapier dazu, sollten auch hier immer ein paar Seiten Zeitungen dazwischengelegt werden.

Das selbstgemachte Papier ist jetzt fast fertig. Es muss nur noch eine gewisse Zeit trocknen. Meist reicht eine Trockenzeit von ein paar Stunden. Besser aber ist es, wenn die Kinder ihre Filzpapier-Lagen über Nacht trocknen lassen.

Hieroglyphen erfinden

Die Zeichen, die die Ägypter benutzten, um sich auszudrücken, Nachrichten zu vermitteln und Botschaften zu hinterlassen, sind für uns wie eine Geheimsprache. Den Kindern geht es meist auch mit unserer Buchstabenschrift so, die wir Erwachsenen längst verinnerlicht haben.

Das können Sie gut gebrauchen

- Papier
- Stifte
- Tusche
- Tuschfedern

So wird es gemacht

Um eine gemeinsame „Geheimsprache" zu entwickeln, müssen alle zunächst überlegen, was sie eigentlich aussagen wollen. Bei den Hieroglyphen sind ja nicht einfach für jeden uns geläufigen Buchstaben Zeichen gesetzt. Es sind vielmehr Symbole, die auch verschiedene Bedeutungen haben können.

Wenn die Kinder für eine eigene Hieroglyphenschrift zu motivieren sind, sollten sie zunächst gemeinsam einige für sie wichtige Begriffe oder Situationen festlegen, die sie als Symbol ausdrücken wollen, z.B. „spielen". Nun heißt es, kreativ zu sein. Jeder zeichnet und überlegt, wie er „spielen" ausdrücken möchte. Kinder, die lieber nicht so gerne in Gruppen arbeiten, können sich einfach für sich Zeichen überlegen und sie später den anderen vorstellen.

Schön ist es natürlich für die Gruppe, wenn sich am Ende ein paar Zeichen finden, die alle verstehen können. Als Erzieherin können Sie darauf aufbauen und gemeinsam mit den Kindern Stempel oder Türschilder o.Ä. daraus kreieren, die diese Zeichen tragen. Gibt es für bestimmte Bereiche der Kita ein Symbol, könnte man dieses auf ein Schild malen.

Tipp

Lassen Sie die Kinder mit Tusche und Feder zeichnen. Das ist eine sehr gute Übung für die Feinmotorik, denn sobald man zu fest aufdrückt oder die Feder schief hält, fließt die Tusche nicht, oder sie kleckst.

Stift aus Schilfrohr oder Holz schnitzen

Mit Tusche zu zeichnen oder zu schreiben, ist etwas ganz Besonderes. Statt der üblichen Tuschfeder, die so im alten Ägypten noch nicht verwendet wurde, stellen die Kinder „Stifte“ selbst her, um ihre Hieroglyphen zu zeichnen. Dafür benutzen sie einfache Schilfrohre oder auch Bambusstäbe. Bambusstäbe sind allerdings schwerer zu schnitzen.

Das können Sie gut gebrauchen

- Holzstücke
- Bambus- oder Schilfstöcke
- große Vogelfedern
- Tinte oder Wasserfarbe

- Bleistift
- Feinsäge oder Pucksäge
- Werkbank
- Schnitzmesser, Taschenmesser oder scharfes Küchenmesser
- Rasierklinge oder Cuttermesser

> *Achtung*
>
> **Schilfrohr kann brechen, weil es innen hohl ist, daher darf man es nur vorsichtig einspannen.**

So wird es gemacht

Die Holzstücke für den Stift müssen abgesägt werden und sollten anschließend etwa die Länge eines unbenutzten Bleistifts haben.

Der Bambusstock muss unten, also da, wo später die Schreibfeder geschnitzt werden soll, offen sein. Mit einem Stift zeichnen die Kinder die Linie vor, an der sie später absägen müssen. Dabei brauchen sie sicher Ihre Hilfe. Idealerweise ist diese Säge-Linie diagonal zum Holzstück, so müssen die Kinder später weniger schnitzen.

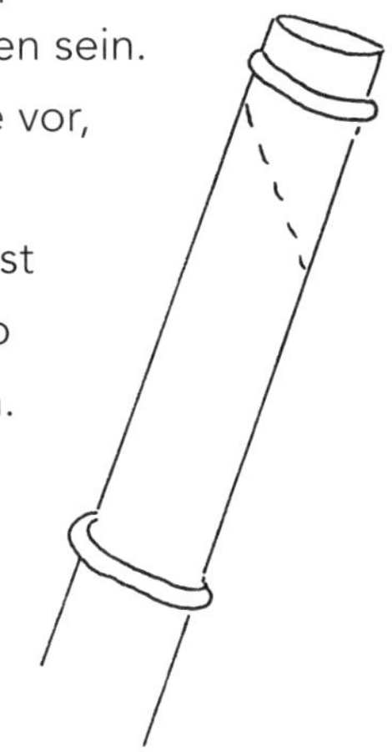

Am besten sägen die Kinder mit einer Pucksäge oder auch mit der Feinsäge. Das Holzstück bringen sie dazu etwas schräg an einer Werkbank an und spannen es dort fest ein.

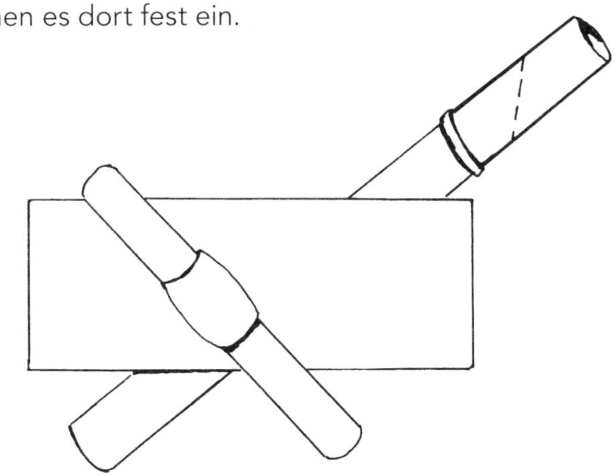

Stift aus Schilfrohr oder Holz schnitzen

Für die Stiftspitze schnitzen die Kinder nun eine Art Feder, wie bei einem Füller.

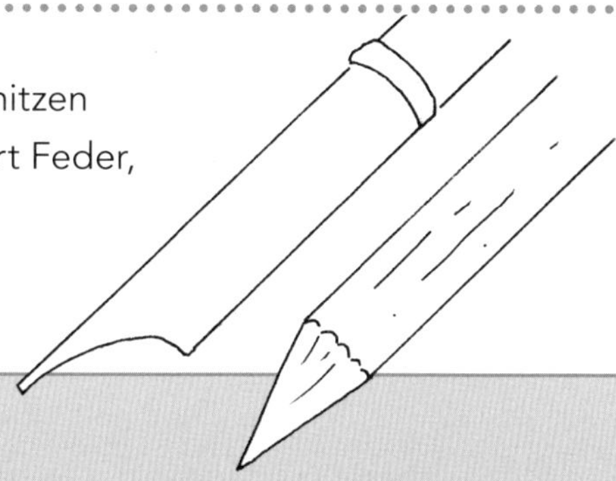

Tipps

Achten Sie darauf, dass die Kinder immer vom Körper weg schnitzen. Die Kinder sollten sitzen und sich auch gegenseitig nicht im Weg sein, damit sie mit den Händen weit ausholen können.

Denken Sie auch daran, einen Verbandskasten mit Pflastern in der Nähe zu haben. Ein kleiner Schnitt ist dann kein Problem. Trotz aller Vorsicht sollten Sie als Erzieherin entspannt bleiben und den Kindern das Gefühl geben, ihnen etwas zuzutrauen. So fühlen sich die Kinder sicher, bleiben selbst auch entspannt und werden nicht übermütig.

Damit die Tinte fließt, müssen die Kinder noch einen Schlitz einschneiden. Am besten gelingt dies mit einer Rasierklinge, einem sehr scharfen Schnitzmesser oder Cuttermesser. Dieser Schlitz dient auch dazu, die Feder etwas elastischer zu machen. Zum Schreiben tauchen die Kinder die Feder in Tinte ein (alternativ geht auch stark verdünnte Wasserfarbe) und zeichnen und schreiben frei drauflos.

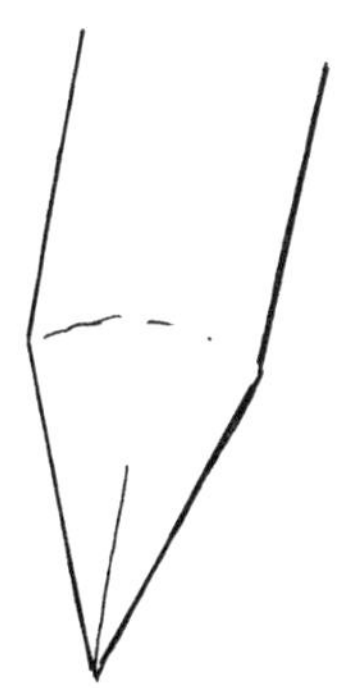

Variante

Aus großen Federn, z.B. von Gänsen oder Schwänen, können die Kinder sich ebenfalls Schreibgeräte anfertigen. Ein Federkiel lässt sich wesentlich einfacher schnitzen als Holz. Allerdings braucht man schon etwas Fingerspitzengefühl, um gerade so viel abzuschneiden, dass die Feder auch funktioniert. Das Prinzip ist das Gleiche wie bei dem Holzfeder-Schreibgerät. Eine Spitze muss zugeschnitzt und mit einem feinen Schlitz versehen werden, der die Feder schreibfähig macht.

Wer mag, schnitzt verschiedene Federn mit unterschiedlichen Breiten. Beim Zeichnen entstehen so sehr dünne Linien, aber auch breite Striche. Ausgefranste, misslungene Federspitzen eignen sich immer noch als Pinsel.

Fächer aus Federn

Auf den Bildern über das alte Ägypten sieht man häufig, wie Arbeiter oder Sklaven ihrem Herrn frische Luft zufächeln. Sie benutzen dafür wunderschön gearbeitete, riesige Fächer. Diese wurden aus den Federn von großen Vögeln (Pfauen, Strauße, Emus) hergestellt. Im Bastelfachhandel kann man bunte Federn kaufen, die zwar viel kleiner sind, aneinandergeklebt aber auch schon eine recht große Fläche ergeben.

Das können Sie gut gebrauchen

- Papprolle oder Bambusstock/Holzstock
- große Federn; alternativ: Seidenpapier oder Futterstoff bzw. seidige Stoffreste
- Bänder zum Verzieren und Festknoten
- Pappstreifen
- Tonpapierstreifen

- Alleskleber

So wird es gemacht

Als Stiel des Fächers bemalen die Kinder eine lange Papprolle oder benutzen einen Stock aus Bambus oder Holz. Schön sieht es aus, wenn der Griff mit Bändern umklebt oder mit Stoffen verziert ist.

Fächer aus Federn

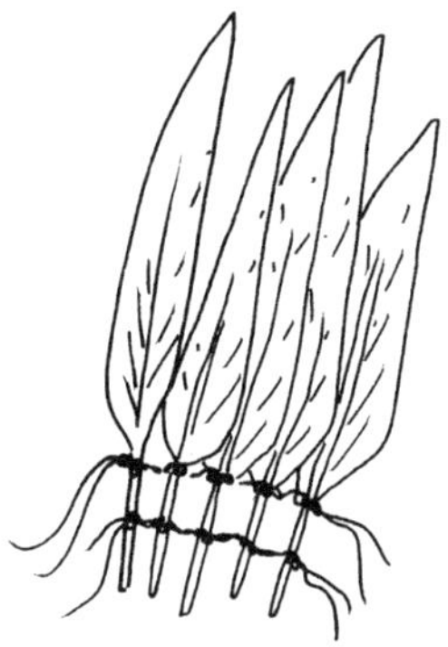

Lange Federn legen die Kinder zunächst in Fächerform aus und verbinden sie mit einem Band, bevor sie den Federfächer in die Rolle stecken und fixieren. Wer geschickt ist, knotet das Band jeweils an die Federn an.

Einfacher ist es, die Federn aufzukleben. Ist der Fächer nicht zum Auffächern gedacht, sondern behält er stets seine breite Fächerform, können die Kinder statt des Bandes auch Pappstreifen verwenden, auf die sie die Federn aufkleben. Etwas mehr Halt bekommen die Federn dabei, wenn sie in Webtechnik, einmal auf den Streifen und einmal darunter geklebt werden. Für sehr lange Federn sollten die Kinder noch eine zweite Reihe aus einem Pappstreifen anlegen. Den Federfächer können sie anschließend direkt an dem Stock oder der Rolle befestigen, indem sie ihn daran festkleben oder -binden.

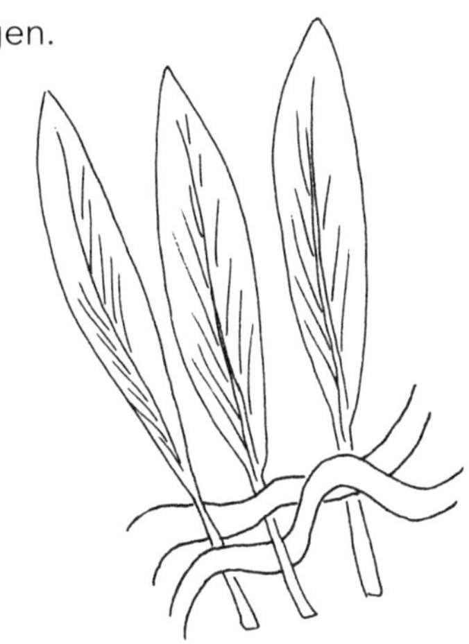

Wer kurze Federn hat, klebt zunächst „Äste" aus Tonpapier an den Holzstock bzw. Bambusstock an. Dazu schneiden die Kinder einfach etwa 2–3 cm breite Pappstreifen zu und kleben sie schräg an den Stiel, sodass eine Art Blattstruktur entsteht. Denn auch Blätter zeigen fächerartig angeordnete Verästelungen (Blattadern). Die Länge dieser „Äste" variiert nach Wunsch von etwa 30–50 cm. Soll der Fächer nicht so „lappig" werden, eignen sich für die „Äste" auch dickere Pappstreifen oder Karton. An die „Äste" können die Kinder nun die Federn ankleben.

Tipp

Wer keine Federn kaufen will, schneidet aus Seidenpapier oder Futterstoff, der besonders seidig ist, Federn aus und klebt sie an.

Körbe flechten

Das können Sie gut gebrauchen

- Peddigrohr, Weiden- oder Haselzweige
- Bast, Wolle oder Bindfaden
- Pappe oder Karton
- Gräser, Blätter
- Zeitungspapierstreifen

- Wanne mit Wasser zum Einweichen
- ein runder Körper (z.B. Dose, Papierkorb) als Formvorlage
- Schere
- große Sticknadel

Das müssen Sie vorbereiten

Peddigrohr, Weiden- und Haselzweige müssen die Kinder vor der Verarbeitung in Wasser einweichen. Peddigrohr ist sehr schnell weich, daher sollten Sie dieses Material beobachten, damit es nicht zu sehr aufquillt.

So wird es gemacht

Zunächst flechten die Kinder ein Gerüst für den Boden. Dafür müssen sie 4 oder 6 Zweige über Kreuz verweben. Je nachdem, wie der Korb später aussehen soll, können die Zweige dafür länger oder kürzer sein. Das Grundgerüst können die Kinder auch nur für den Boden aus relativ kurzen Zweigen flechten, um später dann Seitenwände anzuflechten.

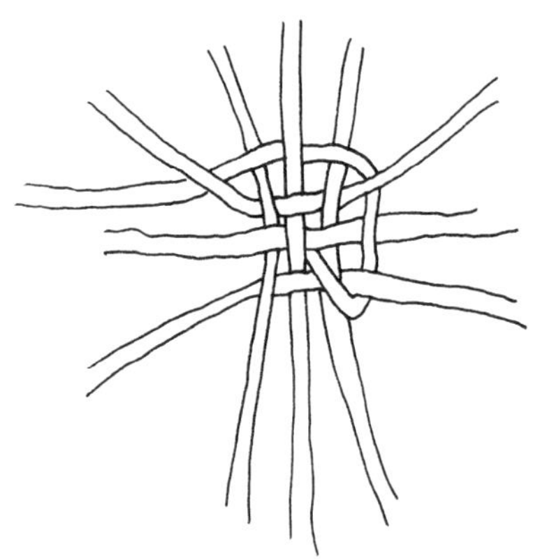

Nun setzen die Kinder eine erste Weidenrute, einen Zweig oder Peddigrohr an. Dafür schieben sie das Ende in die Mitte des Kreuzes hinein und führen den Zweig im Kreis (egal in welche Richtung) einmal über die Gerüststreben und einmal darunter hindurch. Die geflochtenen Zweige müssen die Kinder mit den Fingern immer gut herunterschieben, damit später keine lockeren Stellen im Korb bleiben.

Körbe flechten

Das Ende des Zweiges sollte auf der Innenseite liegen. Den nächsten Zweig verankern die Kinder dann wieder in dem fertigen Webstück, etwa zwei Streben zurück, und weben dann, wie beschrieben, fort. Der Zweig kann auch einfach offen stehenbleiben, ohne im fertigen Webstück eingesteckt zu sein, doch hält er dann nicht so gut.

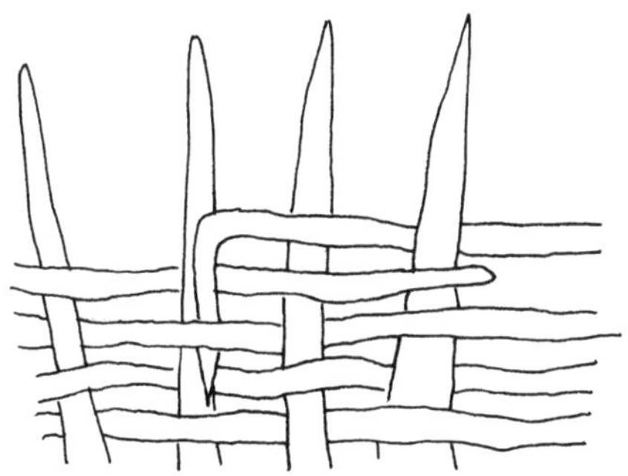

Mit dieser Flechttechnik weben die Kinder den Boden für ihren Korb. Haben sie für das Bodenkreuz bereits sehr lange Zweige verwendet, können sie diese anschließend nach oben biegen, zusammenbinden und die Korbwände nach oben weiter flechten. Allerdings müssen sie vorher noch ein paar zusätzliche Zweige hochkant in die Seiten einsetzen, damit die Zweige gleichmäßig um den Boden herum verlaufen und so stabile Seitenstreben für die Korbwand bilden.

Haben die Kinder das Bodenkreuz aus kurzen Zweigen geflochten, müssen sie nun neue Zweige für die Korbwand ansetzen.

Hierfür suchen sie sich je nach Größe etwa 12–20 längere und auch stabile Zweige oder Ruten aus. Vorsichtig schieben sie diese so in die Seiten des gewebten Bodens, dass sie tief genug stecken und sich gut nach oben biegen lassen.

Insgesamt müssen die Kinder immer Zweige in einer geraden Anzahl verwenden und darauf achten, dass zwischen ihnen nicht allzu viel Abstand ist. Bei dünnem Peddigrohr ist ein Abstand von etwa 4–5 cm gut, bei dickeren Weidenzweigen sind 4–6 cm zu empfehlen.

Die Kinder weben ihren Korb nun, wie oben beschrieben, in der gewünschten Form zu Ende. Wer sich schwertut, eine Form herauszuarbeiten, kann einen Papierkorb, eine runde Dose oder einen ähnlichen Körper auf das Kreuz legen und entlangflechten.

Wollkorb

Um mit Wolle oder Bast zu flechten, können die Kinder als Strukturvorlage einfach „Gerüste" aus Pappe verwenden. Nach folgendem Muster können sich die Kinder aus festem Karton oder Pappe eine Strukturvorlage aufzeichnen und ausschneiden:

Nun flechten die Kinder die Wollfäden um die Streben der Pappvorlage herum. Der Fadenanfang wird dazu einfach an einer Pappstrebe festgeknotet. Er sollte innen liegen. Mit etwas Geschick verschwindet er unter den weiteren Flechtreihen. Wenn nicht, fällt er aber auch kaum auf. Wenn Kinder gerne einen bunten Korb flechten, können sie einfach die nächste Farbe anknoten. Wer häufig zwischen zwei Farben wechseln will, lässt das Knäuel einfach in der Mitte liegen und fängt die andere Farbe an. Das Anfangsstück kann später noch vernäht werden. Nun wechselt man immer zwischen den zwei oder sogar mehreren Farben.

Damit die Pappstreben am Schluss nicht oben aus den geflochtenen Wollfäden herausschauen, gibt es verschiedene Möglichkeiten:

- Weicheres Material können die Kinder beispielsweise nach innen umbiegen und überweben. So schaut nur noch die gebogene Kante oben heraus.
- Festere Pappstreben versehen die Kinder stattdessen mit ein paar Löchern. Ist der Korb fertig gewebt, umnähen die Kinder die Oberkante mit dem Faden, den sie auf eine große Sticknadel fädeln.

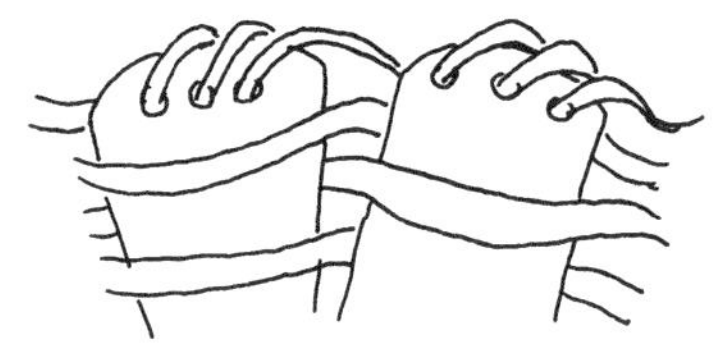

Variante

Wer schon etwas geübt hat, kann versuchen, Gräser, gedrehte Blätter oder auch Zeitungspapierstreifen zu einem Korb zu flechten.

Lendentuch nähen

Die Kleidung der männlichen Ägypter bestand vorwiegend aus einem Tuch mit besonders gelegten Falten und schönen Verzierungen. Es wurde um die Hüfte gebunden. Frauen trugen meistens längere Tücher, die sie um eine oder beide Schultern schlugen. So ein Tuch ist schnell hergestellt.

Das können Sie gut gebrauchen

- weißer Stoff (z.B. altes Betttuch)
- Faden zum Nähen
- Heftfaden
- Stofffarben

- Kindersachbücher über das alte Ägypten
- Bleistift oder Kugelschreiber
- Schere und Kleber
- Nähmaschine
- Sticknadel

So wird es gemacht

Je nach Fingerfertigkeit der Kinder und Ihren räumlichen Möglichkeiten bzw. Ihrer Ausstattung, können die Tücher einfach zugeschnitten und verziert oder aber aufwändiger genäht werden.

Schnitt für ein einfaches Lendentuch

Schnitt für ein aufwändiges Tuch

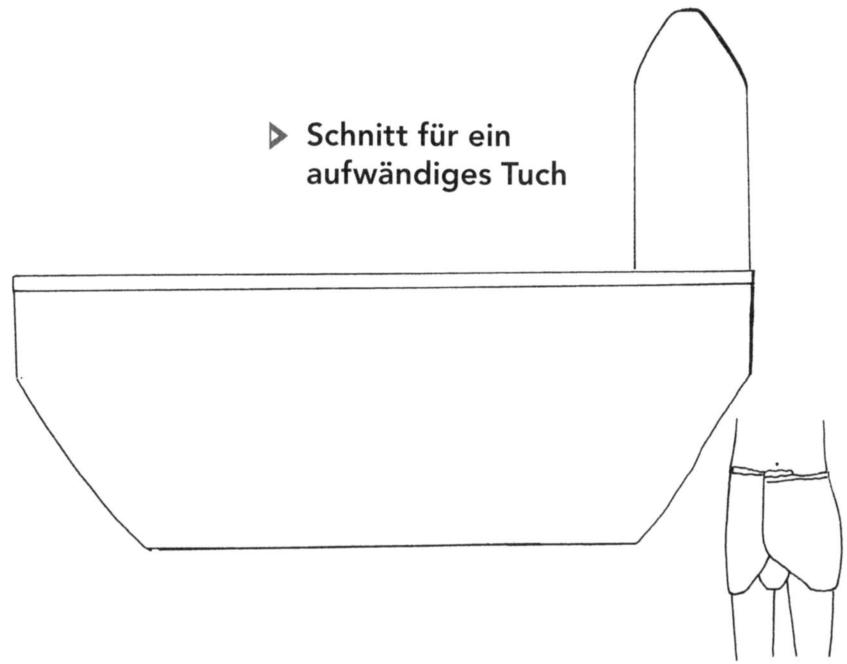

Lendentuch nähen

Den Schnitt müssen die Kinder zunächst ihrem Körperumfang anpassen. Die Länge sollte so angepasst werden, dass das Tuch oberhalb der Knie aufhört. Der Umfang muss nur groß genug sein, also lieber den Stoff größer lassen, denn viele Falten und Wickelungen passen gut zu dem Lendentuch.

Die Kinder müssen den Stoff nun rundherum umnähen. Kinder ab etwa fünf Jahren können das schon mit der Nähmaschine bewerkstelligen, wenn man ihnen hilft. Wer es lieber schneller und einfacher will, kann die Kanten auch umkleben.
Doch Vorsicht: So ist der Stoff meist nicht waschbar.

Das Band schneiden die Kinder einzeln aus und nähen es dann um. Dafür müssen sie den Stoff zunächst doppelt so breit ausschneiden, wie das Band eigentlich breit sein soll, und außerdem etwa 2 cm Nahtzugabe einplanen.

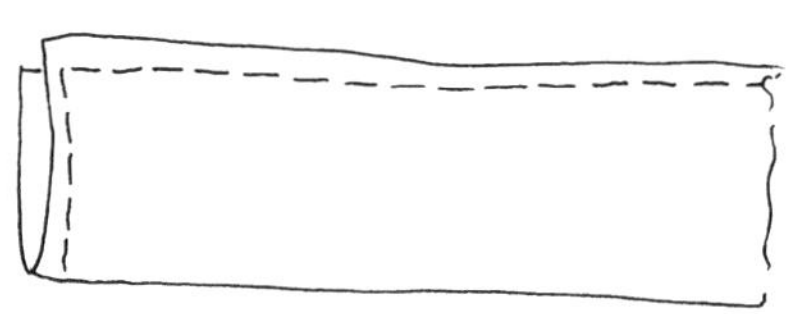

Die Kinder falten den Stoff zu einem schmaleren Band und nähen die Hälften „rechts auf rechts", also mit den beiden schönen Seiten innen aufeinanderliegend, an zwei Seiten zusammen. Anschließend müssen sie den Stoff durch die letzte offene Seite wieder umstülpen und diese auch noch schließen. Dafür falten sie am besten die Enden nach innen und nähen darüber. Ein Ende können sie dabei direkt an das Tuch annähen.

Tipp

Wenn die Kinder ihr Tuch bearbeiten, können sie die Form mit Stecknadeln fixieren. Noch besser eignet sich allerdings ein Heftfaden, den sie nach dem Stecken einfädeln, um die Teile aneinander zu halten. Das hält nicht nur besser, sondern ist auch ungefährlicher.

Die Kinder können anschließend ihre selbsterfundenen Hieroglyphen aufmalen oder sich an Abbildungen in Büchern orientieren. Auch einfache Muster sind wirkungsvoll. Die Farben sollten auf die Zeit der Ägypter abgestimmt sein (Erdtöne).

Tipp

Hierzu eignen sich selbstgemachte Naturfarben aus Pflanzen oder Erden (siehe Rezeptteil).

Dame-Spiel herstellen und spielen

Das können Sie gut gebrauchen

- Pappe, Speckstein- oder Gipsplatte, Plexiglas-/Acrylglasscheibe, Schieferplatte (o.Ä., je nach Wunsch)
- selbsthärtende Masse, z.B. Gips oder Ton
- Holzstab
- Plätzchenformen oder (Guss-)Formen (z.B. Pralinenschachtel)
- Farben zum Bemalen

- Nudelholz oder eine andere Rolle
- Säge
- Geräte zum Kratzen, z.B. Meißel
- Holzbeize
- Pinsel
- Nägel und Schrauben

So wird es gemacht

Das Spielfeld

Auf Pappe können die Kinder ein einfaches Damespielfeld aufmalen. Interessant wird es, wenn die Kinder nicht auf Pappe, sondern beispielsweise auf eine Steinplatte malen oder mit spitzen Meißeln kratzen. So entstehen authentische, altertümlich anmutende Spielfelder. Ideal dafür sind Plexi- oder Acrylglasscheiben, Specksteinplatten, Gipsplatten, Schieferplatten usw. Auch aus Ton können die Kinder solch ein Spielfeld herstellen. Dafür sollten Sie den Ton anschließend aber brennen, damit die Platte stabiler ist.

Das Spielfeld besteht aus 8 x 8 (deutsche Version) oder 10 x 10 (internationale Version) quadratischen Feldern in zwei Farben. In Steinplatten oder Kunststoffglas geritzt, können die dunklen Felder schraffiert werden. In den folgenden Abbildungen beziehen sich die Angaben auf die deutsche Version des Damespiels.

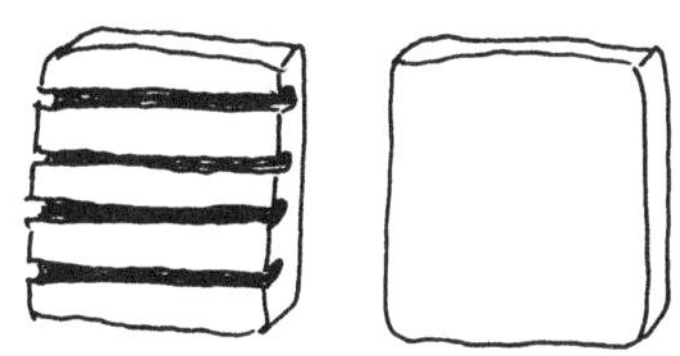

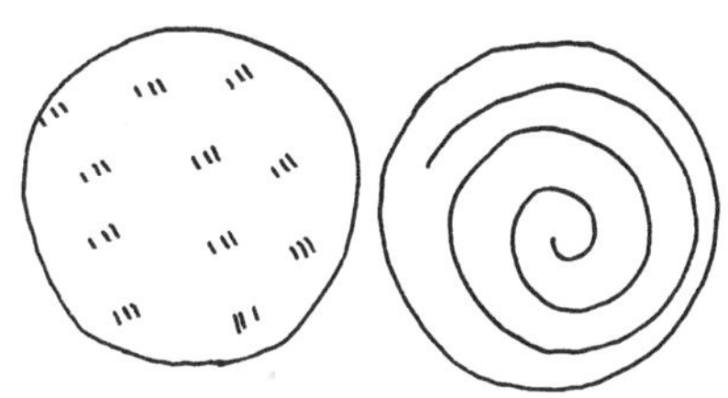

Dame-Spiel herstellen und spielen

Die Spielfiguren

Die Spielfiguren können die Kinder ebenfalls aus unterschiedlichsten Materialien herstellen. Wichtig ist nur, dass es zwei Farben gibt und die Steine so flach sind, dass man sie aufeinanderstapeln kann. Für ein Brett mit 64 Feldern benötigt man je 12 Steine einer Farbe.

Hier finden Sie ein paar Techniken, mit denen die Kinder Spielsteine (siehe linke Seite) herstellen können:

- Von einem runden oder eckigen Holzstab sägen die Kinder kleine Scheiben ab. Die Kanten müssen sie dann leicht schleifen und die Hälfte der Steine farbig beizen, indem sie sie in flüssige Holzbeize tauchen oder mit dem Pinsel lasieren.
- Aus selbsthärtender Masse oder Ton formen die Kinder individuelle Spielsteine. Dazu können sie z.B. eine Platte ausrollen und mit Plätzchenformen Kreise ausstechen. Auch könnten die Kinder mit einem Nagel, der Rückseite einer Schraube o.Ä. feine Muster eingravieren. So könnte auch statt einer zweiten Farbe die Hälfte der Steine ein Streifenmuster bekommen. Die Spielsteine aus Ton müssen anschließend unbedingt gebrannt werden.
- Die Kinder können flüssigen Gips in sehr flache Eiswürfelförmchen oder ähnliche Formen (z.B. aus einer Pralinenschachtel) gießen und gut trocknen lassen. Anschließend bemalen sie die Steine nach Wunsch.

Die Spielregeln

Die Regeln beziehen sich hier auf weiße und schwarze Spielsteine auf einer schwarz-weißen Spielplatte:

- Zunächst stellt man die Spielsteine in 3 Reihen auf das Feld. Auf der einen Seite des Spielfeldes stehen die schwarzen Figuren auf den schwarzen Feldern, auf der gegenüberliegenden Seite stehen die weißen Steine auf den schwarzen Feldern. Man spielt also nur auf den schwarzen Feldern.
- Der Spieler mit den schwarzen Steinen beginnt. Gezogen wird diagonal um ein Feld weiter vorwärts. Gegnerische Steine kann man überspringen, wenn das Feld hinter ihnen frei ist. Gibt es die Möglichkeit, einen oder mehrere weitere Steine zu überspringen, muss das geschehen. Übersprungene Steine werden aus dem Spiel genommen.

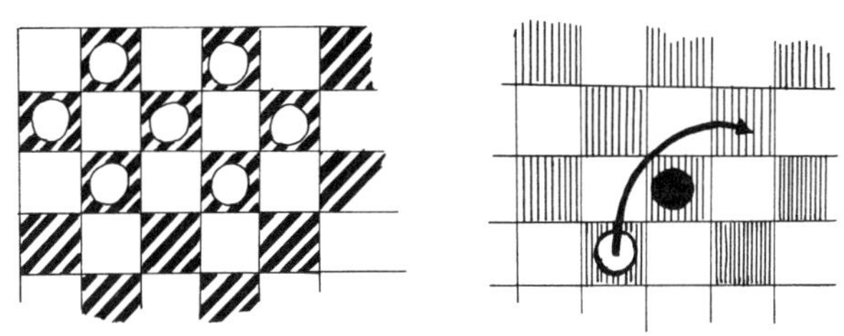

- Erreicht ein Spielstein die gegenüberliegende Seite, erhält er einen Stein aufgesetzt und ist eine „Dame". Die Dame darf zusätzlich zu den üblichen Bewegungen auch rückwärts springen. Ziel ist es, die gegnerischen Steine aus dem Spiel zu werfen und den Gegner aufzuhalten. Derjenige, dessen Spielstein am Schluss übrig bleibt, hat gewonnen.

Amulette und Schmuck herstellen

Kinder sind sehr erfinderisch, wenn es darum geht, aus verschiedenstem Material Schmuckstücke herzustellen. Soll der Schmuck besonders authentisch nach ägyptischer Kunst aussehen, sind eine bräunliche, selbsthärtende Knetmasse oder Ton ideal. Den Ton muss man allerdings brennen. Auch Speckstein, Rinden und Holz sind geeignet, weil es diese Materialien auch früher schon gab.
Modern, aber mit etwas Farbe auch altertümlich anmutend, sind Materialien wie Pappe, Moosgummi oder auch Nudeln oder Körner. Die einzelnen Schmucksteine und Amulette können die Kinder auf Lederbänder, feine, selbstgemachte Kordeln aus Zwirn oder auf Bindfaden fädeln.

Tipp

Anregungen für Formen und Muster erhalten die Kinder aus Büchern oder auch bei einem Besuch einer Ägypten-Ausstellung.

Das können Sie gut gebrauchen

- Modelliermasse: selbsthärtende Knetmasse, Ton
- Speckstein
- Rinden, Holz
- Papier, Pappe, Moosgummi, Lederreste
- Nudeln, Körner
- Lederbänder, Kordeln, Zwirn oder Bindfäden
- Farben

- Nudelholz oder eine andere Rolle
- Messer oder ähnliche Schneidegeräte; Schnitzmesser
- Feilen und Raspeln
- Kleber
- Nagel, Schere

So wird es gemacht

Schmuck kneten

Die Kinder kneten ihre Modelliermasse weich und rollen sie aus. Mit einem (stumpfen) Messer oder anderen Geräten schneiden sie Formen für Amulette oder kleinere Anhänger aus. Mit einem spitzen Gegenstand (Nagel, Schere o.Ä.) ritzen die Kinder Muster, Hieroglyphen oder Symbole ein. Ein Loch, um später eine Schnur durchzufädeln, dürfen sie auch nicht vergessen.

Amulette und Schmuck herstellen

Schmuck schnitzen und schleifen

Speckstein, Rinden, Holzstücke etc. bearbeiten die Kinder mit Schnitzmessern, Feilen und Raspeln zu kleinen Schmuckstücken. Die Form können die Kinder sich vorher schon überlegen, oder sie arbeiten einfach drauflos. Diese Übung fördert das räumliche Vorstellungsvermögen.

Schmuck rollen

Aus Papier, Lederresten oder Moosgummi können die Kinder Schmuckstücke herstellen, indem sie das Material einrollen und das Ende festkleben. Wenn sie das Material als längliches Dreieck zuschneiden, erhalten sie eine besonders schöne Form. Durch die Mitte der „Rolle" fädeln die Kinder eine Schnur.

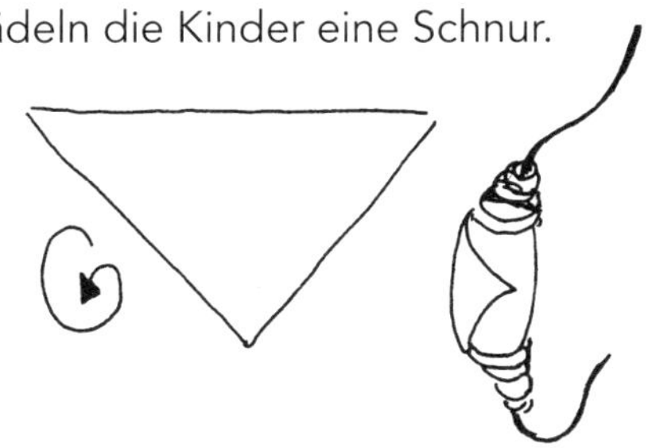

Aus Moosgummi oder Pappe können die Kinder auch ein Amulett ausschneiden. Das sieht aber meist nicht sehr ägyptisch aus und ist eher die Lösung für Faule. Hier sollte wenigstens noch etwas daraufgezeichnet werden. Jüngere Kinder schneiden eine Wunschform aus und zeichnen etwas Ägyptisches darauf, so, wie sie es sich vorstellen. Zum Schluss stechen sie noch ein Loch durch ihren Anhänger und befestigen ihn an einem Bindfaden oder einem Lederband.

Nudeln

Ein Aushang in der Kita beschert bestimmt einige „alte" Nudeln, die in den Vorratsschränken herumliegen. Bemalt man Nudeln mit feinen Mustern, z.B. spiralförmig um kurze Makkaroni, sehen sie nach kleinen Kunstwerken aus. Man kann Nudeln auch in Farbe eintauchen oder sie bepinseln. Alle hohlen Nudeln können die Kinder anschließend direkt auf Schnüre auffädeln. Flache Nudeln lassen sich auf Papp- oder Moosgummi-Amulette aufkleben.

Tipp

Mit den Nudeln können die Kinder auch wunderbar spielen. Gerade die jüngeren Kinder lieben es, sie nach Formen zu sortieren, zu zählen und Muster (Mandalas) damit zu legen.

Keramik und Tonfiguren

Im alten Ägypten wurden wundervolle Gefäße aus Ton, aber auch aus Metall hergestellt. Verziert mit Bildern und Zeichen, sind sie heute noch in Museen zu bewundern. Die Kinder sollten sich in Büchern oder auch im Museum ansehen, wie solche Krüge, Kannen und Karaffen aussahen, damit sie eine Vorstellung von dieser hohen Kunst bekommen. Auch sollten sie verstehen, wofür diese Gefäße benutzt wurden. Verwenden sie bei ihren eigenen Gefäßen später ein stabiles, ungiftiges Material, können sie ihre selbstgemachten Gefäße auch für Lebensmittel nutzen.

In Gräbern fand man außerdem kleine Figuren aus Ton oder Metall. Offensichtlich wurden schon damals Figuren abgebildet, die eine Bedeutung für die Menschen hatten. Häufig handelt es sich dabei auch um Tiere, vor allem Katzen haben die Ägypter modelliert.

Das können Sie gut gebrauchen

- Modelliermasse: selbsthärtende Knetmasse, Salzteig oder Ton
- Wasser
- Engobe (Schlicker-Farbe)
- Glasur
- Farben zum Bemalen
- Lebensmittelfarbe

- Draht-/Nylonschlinge mit Holzgriffen
- Nudelholz und Förmchen
- Töpferscheibe
- Papierknäuel
- spitze Werkzeuge zum Musterritzen (Nägel etc.)
- langer Löffel

Tipps und Hinweise zum Modellieren

Am einfachsten ist es für die Kinder, mit selbsthärtender Masse zu arbeiten. Auch Salzteig ist sehr gut geeignet, weil dieses Material sich lange geschmeidig verarbeiten lässt und sowohl feine Arbeiten wie auch größere, grobe Arbeiten gut gelingen.

6+

Keramik und Tonfiguren

Ton ist ein wunderbar sinnliches Material. Schon das Gefühl beim Verstreichen des Tons auf der Oberfläche eines Werkstückes macht die Beschäftigung zu einem Erlebnis. Allerdings müssen die Kinder bei der Verarbeitung einige Grundlagen beachten, wenn die Stücke später gebrannt werden sollen:

- Ton aus dem Fachhandel müssen die Kinder vor der Verarbeitung kräftig durchkneten oder schlagen, damit die Luft entweichen kann. Bleibt Luft im Ton, können die Kunstwerke beim Brennvorgang platzen.
- Ton schneidet man mit einer Draht- oder Nylonschlinge, an deren Ende kleine Holzgriffe befestigt sind. Diese verhindern, dass man sich verletzt.
- Beim Modellieren mit Ton sollten die Kinder nie zu viel Wasser verwenden, denn sonst kann der Ton später beim Trocknen und Brennen schrumpfen und reißen.
- Ton lässt sich sehr gut von Hand formen wie Knete. Jüngere Kinder können den Ton auch ausrollen und mit Förmchen ausstechen.
- Schlangen, Wülste oder Würste formen die Kinder meist schon automatisch. Setzen sie diese nebeneinander oder aufeinander, entsteht bald eine Fläche oder Form. Die Verbindungen müssen die Kinder dann nur noch gut verstreichen.
- Die Plattentechnik eignet sich gut für den Aufbau größerer Objekte: Mit dem Nudelholz rollen die Kinder den Ton aus und schneiden ihn zu Platten zurecht. Daraus bauen sie dann ihre Projekte auf. Die Plattennähte müssen die Kinder dann gut verstreichen.

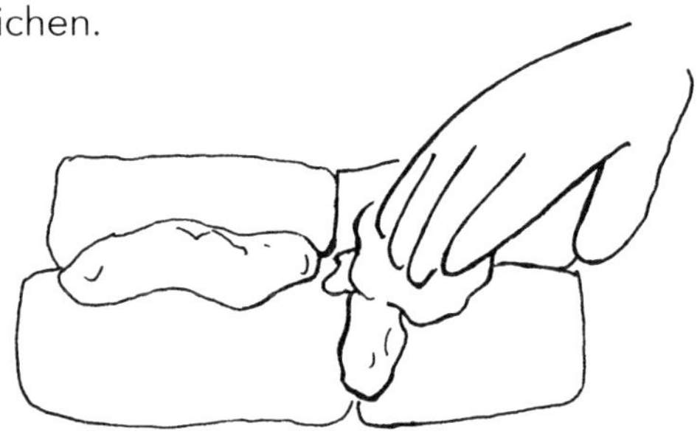

- Ältere Kinder arbeiten besonders gerne auf einfachen Töpferscheiben, die von Hand gedreht werden.
- Dickere und größere Objekte müssen ausgehöhlt werden oder gleich hohl gearbeitet werden. Dazu können die Kinder z.B. einen Papierknäuel als Basis verwenden.
- Oberflächen lassen sich leicht glätten, indem die Kinder den Ton mit ein wenig Wasser verstreichen. Muster können sie hingegen mit Nägeln, Drahtschlingen oder speziellen Werkzeugen hineinritzen.
- Nach dem Formen muss der Ton trocknen.
- Glasuren können die Kinder vor dem Brennen oder nach dem ersten Brennvorgang auftragen.

So wird es gemacht

Teller und Schüsseln aus Ton

Mit der Wulst-Technik können die Kinder einfache Teller und Schüsseln formen und sie mit ägyptischen Mustern verzieren. Wenn möglich, erhalten die Werkstücke eine Engobe, das ist eine Art Schlicker-Farbe, die vor dem Brennen oder nach dem ersten Brand (vor einer eventuellen Glasur) aufgetragen wird. Das ist einfacher als das spätere Glasieren, weil man die Farbe schon recht gut erkennt und auch als ungeübter Töpferer gut verarbeiten kann.

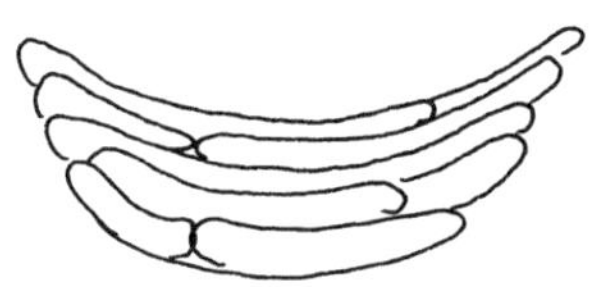

Sphinx aus Salzteig

Die Kinder können aus dem Gedächtnis arbeiten, oder sie sehen sich vorher Bilder in Büchern an. Um das Material aufzubauen, können sie bei dem Salzteig dieselben Modelliertechniken wie bei Ton verwenden. Sie formen Wülste, Kugeln oder Platten, die sie aneinanderkleben.

Auch massive Formen lassen sich mit Salzteig problemlos modellieren. Allerdings trocknet die Figur schneller und gleichmäßiger, wenn sie etwas ausgehöhlt wird. Das geht am besten vom Boden der Figur her mit einer Drahtschlinge oder einem langen Löffel. Die Sphinx, die die Pyramiden von Gizeh bewacht, ist eine Mischung aus Mensch und Löwe. Um das deutlich zu machen, ist es wichtig, den Schwanz und die Pfoten des Löwen gut herauszuarbeiten. Der Kopf bekommt die typisch ägyptische Form mit den pyramidenähnlichen Haaren. Nach dem Brennen im Ofen können die Kinder ihre Sphinx noch bemalen.

> *Tipp*
>
> **Interessant ist es auch, wenn die Kinder bereits vor der Verarbeitung etwas Lebensmittelfarbe in den Salzteig mischen.**

Nicht nur der berühmte König Tut Anch Amun trug bei seiner Beerdigung im Tempel bzw. in der Pyramide eine Totenmaske. Auch andere Persönlichkeiten wurden damit geschmückt. Erzählen Sie den Kindern davon, erzählen Sie ihnen Geschichten, und zeigen Sie ihnen Bilder dazu, damit sie eine Vorstellung von diesem Beerdigungsritual bekommen. Auch bei Statuen sieht man Masken und Verzierungen, wie Perücken und „Bartverlängerungen". Solche Zierden herzustellen, ist nicht so schwer.

Das können Sie gut gebrauchen

- Tonpapier
- Pappe
- Zeitungspapier
- Kleister
- Eierschachtel
- Gummiband
- Bindfaden
- Farben
- schnelltrocknender, wasserlöslicher Klarlack

- Schere
- Kleber
- Klebeband

So wird es gemacht

Maske aus Papier

Am einfachsten ist es, wenn die Kinder Masken auf Tonpapier zeichnen, anmalen und ausschneiden. Die Bartspitze können sie hierbei einfach unten anzeichnen. In die fertige Papiermaske stechen die Kinder zum Schluss rechts und links kleine Löcher. Dafür benutzen sie z.B. eine spitze Schere. Durch die Löcher fädeln sie ein Gummiband und knoten es fest.

Plastische Maske

Um eine Maske plastischer auszuarbeiten, eignet sich die Kaschier-Technik mit Kleisterpapier. Die gewünschte Grundform der Maske zeichnen die Kinder dazu zunächst auf Pappe auf und schneiden sie aus. Für die Augen müssen sie Schlitze einschneiden, je nach Idee können es auch große Augenlöcher sein. Wer mag, schneidet auch für den Mund einen Spalt aus.

Mit locker geknülltem Zeitungspapier formen die Kinder nun die Maske aus. Würde man das Papier fester knüllen, ließe es sich nicht mehr verändern. Die Zeitungswülste kleben die Kinder mit Klebeband an die Pappmaske.

Masken und Bart

Mit Kleisterpapier (Pappkaschee) schaffen die Kinder dann eine stabile Hülle für ihre Maske, indem sie Schicht für Schicht Zeitungspapierstücke in Lagen auftragen. Bei der ersten Schicht können sie die Form ihrer Maske auch nachträglich noch etwas anpassen.

Wer mag, setzt bereits einzelne Verzierungen ein. Hierfür kleben die Kinder z.B. Papierröllchen oder Bindfadenstücke auf und überziehen diese mit Zeitungspapier. Dabei sollten die Kinder darauf achten, dass sie die Fugen und Kanten gut nachfahren, damit darunter keine Luftpolster entstehen, die später einreißen könnten.

Nach dem Trocknen (mindestens über Nacht) bemalen die Kinder die Masken. Um sie haltbarer zu machen, wird ein Klarlack aufgetragen, idealerweise ist es ein wasserlöslicher (frei von giftigen Lösungsmitteln), schnelltrocknender Lack.

Bart

Gerade Jungen finden es lustig, sich so einen Spitzbart ans Kinn zu setzen, wie ihn Pharaonen trugen. So einen Bart können sie einfach aus den Spitzen einer Eierschachtel herstellen. Dazu nehmen sie mehrere Spitzen, stecken sie ineinander und fixieren sie mit Kleber. Dann bemalen sie ihren Bart noch.
Alternativ können sie den Bart auch aus Tonpapier formen und folgende Faltform verwenden:

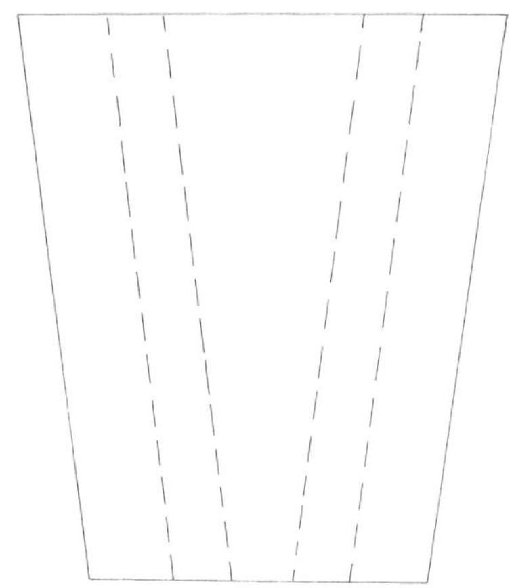

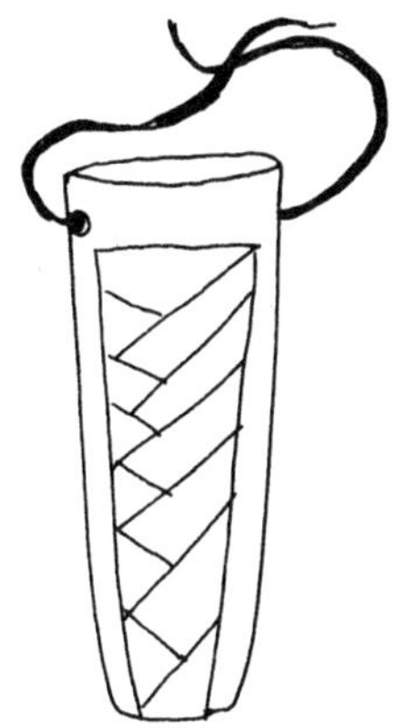

Die Kinder bemalen diese Form zunächst. Dann falten sie sie auf den Linien und kleben die äußeren Seiten zusammen. Jetzt bekommt der Bart rechts und links ein Loch gestochen. Dann fädeln die Kinder ein Gummiband durch und knoten es fest. Sie können den Bart jetzt an den Ohren einhängen wie eine Brille, die ans Kinn gerutscht ist.

Schlappen und Sandalen

Nicht nur die Römer trugen einfache Sandalen. Auch die Ägypter schützten ihre Füße bereits mit einfachen Schlappen, ähnlich unseren heutigen beliebten Zehensandalen. Sie sind besonders einfach herzustellen.

Das können Sie gut gebrauchen

- Pappe, Moosgummi, Isomatte o.Ä.
- Lederbänder oder andere Bänder, z.B. Satin- oder Stoffbänder, Bindfaden oder Bast

- Kugelschreiber oder Bleistift
- Schere
- Klebeband
- Zehensandale als Vorlage
- Lochzange
- Nagel

So wird es gemacht

Zuerst stellen die Kinder die Sohle ihrer Sandalen her. Dazu benutzen sie Pappe, dickes Moosgummi, ein Stück von einer Isomatte oder ähnliches biegsames Material. Verwenden die Kinder Pappe oder Moosgummi, sollten sie mehrere Schichten davon übereinanderkleben.

> *Tipp*
>
> **Mehrere Schichten gewellte Pappe einer Verpackungskiste sind besonders angenehm beim Laufen.**

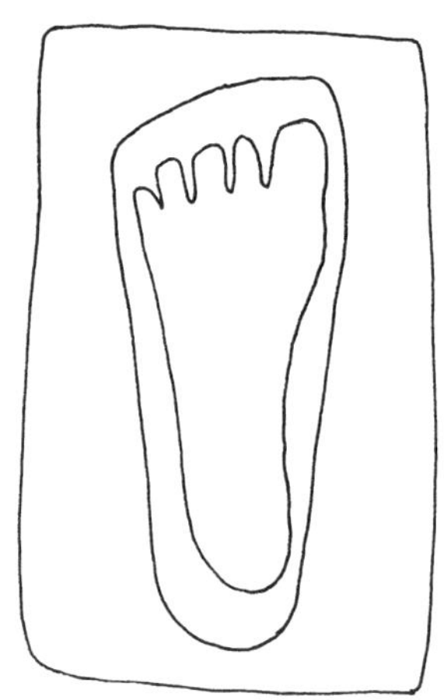

Um den Schuh passend zu machen, zeichnen die Kinder einfach den Umriss des eigenen Fußes ab und schneiden ihn mit etwas Zugabe aus.
Als Riemen können die Kinder Lederbänder, Satin- oder Stoffbänder, aber auch Bindfaden, Bast o.Ä. verwenden.
Zwischen dem großen und dem nächsten Zeh bohren sie ein Loch in die Sohle. Je nach Material verwenden sie eine Lederlochzange oder einen Nagel. Rechts und links des Fußes bringen sie je ein weiteres Loch auf der Sohle an.

Schlappen und Sandalen

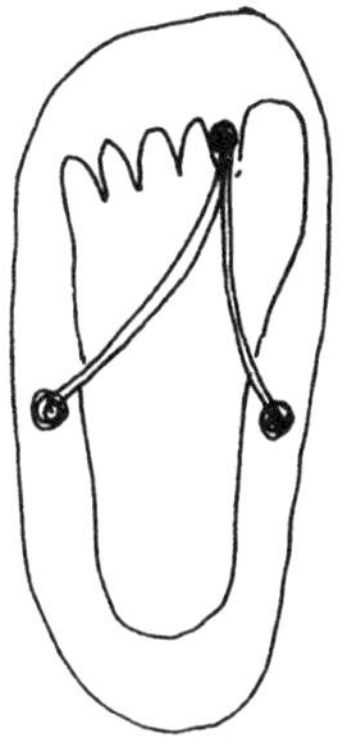

Durch die Löcher müssen sie jetzt ein Band bzw. mehrere Bänder durchfädeln und unterhalb der Sohle befestigen. Zum Befestigen eignet sich beispielsweise festes Klebeband. Die Kinder können aber auch zwei Riemen verwenden, die sie je durch das Loch oben und ein Loch an der Seite ziehen und dann unterhalb der Sohle miteinander verknoten.

Tipp

Am besten legen Sie den Kindern eine Zehensandale als Vorlage bereit. Hier können sie sich dann abschauen, wie sie die Riemen anbringen müssen.

Variante

Wer mag, kann das Band noch weiter nach hinten und am Bein entlang nach oben binden. Dazu können die Kinder zwei weitere Löcher neben der Ferse anbringen, durch die sie das Band erneut durchziehen und dann nach oben binden. So wird aus der Schlappe eine Sandale.

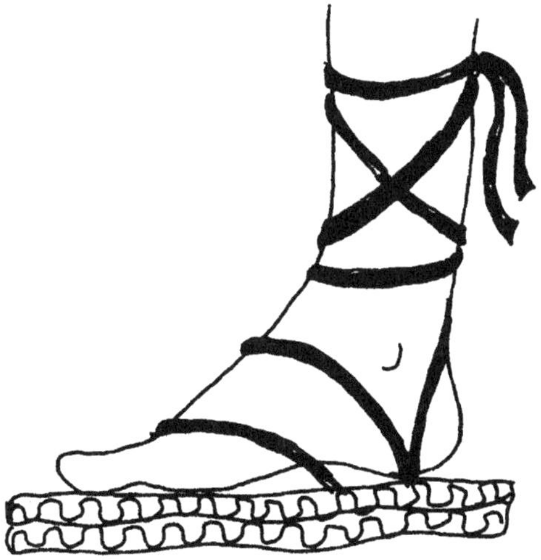

Im Wilden Westen

Unter dem so genannten „Wilden Westen" verstehen wir die Zeit der Goldgräber und ersten Siedler in Nordamerika. Es war die Zeit der Pioniere und zugleich eine Zeit voller Kriege und Gewalt. Trotzdem sind in unserer Vorstellung vor allem die Klischees der alten Western und Karl-May-Verfilmungen hängen geblieben. Und so sollten die Kinder auch jene Aspekte des Themas kennenlernen. Denn das Cowboy-Indianer-Spiel ist, wie „Räuber und Gendarm", wichtig für das Finden der eigenen Rolle und Identität. Hier leben die Kinder Gefühle aus, loten Beziehungen aus und testen Grenzen aus.

Vielleicht fließen aber in die moderne „Wilder Westen"-Szenerie ein paar realistische und weniger polarisierende Bilder mit ein, wie zum Beispiel die Mythen und die Wertschätzung der Natur, die die Indianer bis heute prägen.

Was Sie auf Ihrer Reise in diese Zeit auch noch einplanen können

- Kochen mit Pflanzen nach indianischen Rezepten (dazu gibt es zahlreiche Bücher)
- Lieder, Musik und Tänze
- Ausflug zu einer Ranch oder einem Pferdehof, der Westernreiten anbietet
- Kutschfahrt mit dem Planwagen (wird vielerorts angeboten)
- Übernachtung in selbstgebauten (oder ausgeliehenen) Tipis – vielleicht mit den Eltern
- ein Weidentipi bauen
- Theaterstücke
- Besuch eines Museums, das indianische Kunst zeigt, evtl. auch Einblicke in das Leben der heutigen Indianer gewinnen

Traumfänger

Nicht selten kommt es vor, dass Kinder nachts Angst haben, wenn sie in ihrem dunklen Zimmer alleine im Bett liegen. Da werden die Schatten zu Monstern und schleichen sich in die Träume ein. Manche Indianer Nordamerikas stellen bis heute Traumfänger her und hängen sie neben den Schlafplatz. Gute Träume bleiben im Netz hängen, schlechte fliegen durch das Loch in der Mitte hindurch.

Das können Sie gut gebrauchen

- Holzringe oder dünne, biegsame Weiden- oder Haselnussruten
- Schnur (Wolle, Bindfaden)
- große Perlen
- Naturmaterialien (Kastanien, Federn etc.)

- Lochzange oder Spieß
- Nagel
- Nadeln mit großem Öhr zum Perlen-Auffädeln

So wird es gemacht

Aus einer biegsamen Rute schaffen die Kinder zunächst einen stabilen Kreis. Dazu biegen sie die Rute rund, verdrehen die Enden etwas ineinander und umwickeln sie fest mit einer Schnur. Oder die Kinder verwenden einen fertigen Holzring.

Jetzt können die Kinder nach ihrem Geschmack bunte Perlen auf eine lange Schnur fädeln. Machen sie jeweils vor und nach einer Perle einen Knoten, bleiben die Perlen dort fest stehen. Nun weben die Kinder die Schnur wie ein Netz in den Bogen hinein. Dafür binden sie ein Ende außen fest und fädeln es über die gegenüberliegende Seite. Die Mitte muss frei bleiben – je nach Größe des Kreises mindestens 3 cm.

Anschließend schmücken die Kinder ihren Traumfänger noch mit verschiedenen Materialien. Schnüre können sie unten anknoten und Federn und Perlen dranhängen. Gelochte Kastanien ergeben eine schöne, natürliche Verzierung. Oben knoten die Kinder noch eine Schnur zum Aufhängen an den Traumfänger.

Indianerkleidung und Cowboyklamotte

Das können Sie gut gebrauchen

- alter, brauner Pulli; altes T-Shirt
- alter Pulli für eine Weste; fester Stoff (z.B. von einer alten Jeans)
- Stoffreste, Leder oder Filz für die Fransen
- Waschleder oder Fleece
- Stofffarben
- Perlen
- Zwirn
- Pappe oder Tonpapier
- Musterbeutelklammern
- Kartonstreifen
- Goldpapier oder Alufolie
- Sicherheitsnadel

- Pinsel
- Nadeln mit großem Öhr zum Perlen-Auffädeln
- Lochzange oder Spieß
- Nagel
- Tacker
- Stift
- Kleber oder Klebeband

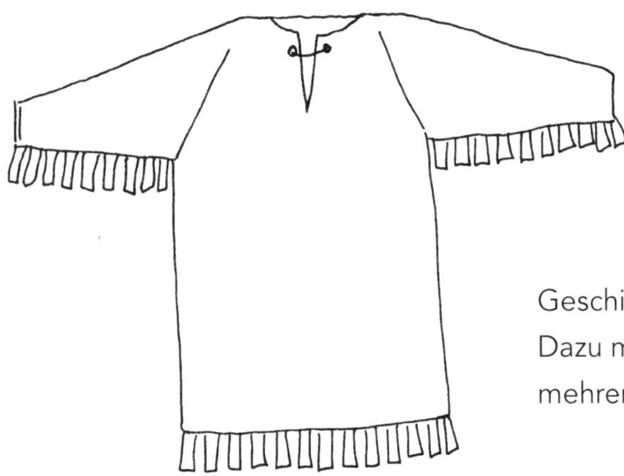

So wird es gemacht

Indianerkleid

Ein Indianerkostüm, zum Beispiel für die Faschingsfeier, können die Kinder aus einem braunen oder beigen T-Shirt oder Pulli herstellen.

Wer etwas mehr Nähkunst aufwenden will (oder fleißige Helfer zur Seite hat), nimmt Waschleder, Fleece oder auch einen alten Jutesack und näht daraus das gewünschte Gewand.
Die Grundform des Oberteils ist die eines weiten, geraden Pullovers. An dem Kleidungsstück befestigen die Kinder viele Fransen aus ähnlichem Stoff, am besten, indem sie diese annähen.

Nun kommt das Schönste, die Verzierungen. Dafür benötigen die Kinder Stofffarbe und feine Pinsel. Sie überlegen sich Muster und übertragen diese auf ihre neue Kleidung.

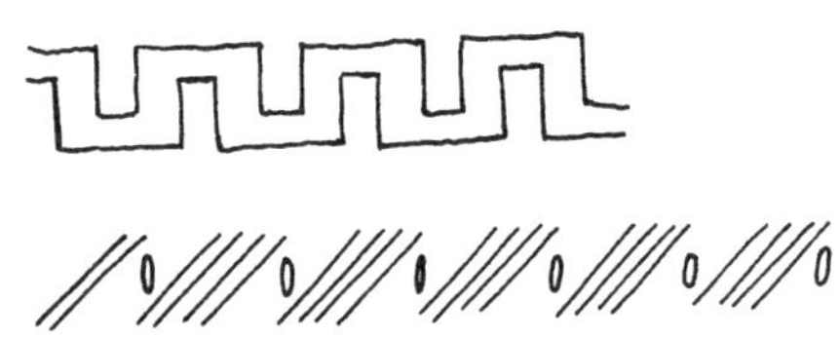

Geschickte Kinder können auch Perlen auffädeln und annähen. Dazu müssen sie die Perlen entweder einzeln annähen oder auch mehrere auffädeln und den Zwirn recht stramm annähen.

Indianerkleidung und Cowboyklamotte

Sporen

Zum Reiten hatten die Cowboys häufig Sporen an ihren Stiefeln. Im Gegensatz zu den geschickten Indianern konnten sie vermutlich nicht ganz so gut mit Pferden umgehen. Für Kinder sind solche Sporen ein deutliches Verkleidungsutensil. Die Kinder können die Sporen einfach aus Pappe oder Tonpapier ausschneiden, mit Alufolie oder Goldpapier umwickeln, in der Mitte ein Loch durchstechen und sie mit Musterklammern an zwei Streifen aus festem Karton anbringen. Um sie am Schuh zu befestigen, tackern die Kinder die zwei Tonpapierstreifen etwa 6–8 cm nach dem Sporenende zusammen. Diese Tacker-Stelle liegt nun an der Ferse an. Die beiden Pappstreifen – die Spangen – werden nach vorne um den Schuh herum gebogen. Wenn die Kinder in die Pappstreifenenden je ein Loch gestanzt haben, können sie hier einen Faden hindurchziehen und die Pappstreifen vorne miteinander verknoten.

Sheriff-Stern

Ganz wichtig für den Sheriff im Wilden Westen ist der Sheriff-Stern. Dafür schneiden die Kinder einen Stern aus Pappe aus und bekleben ihn mit Alufolie. Darauf schreiben die Kinder, wenn sie schon schreiben können, mit einem wasserfesten Stift „Sheriff". Auf der Rückseite des Sterns kleben sie eine Sicherheitsnadel an. Dafür schneiden die Kinder einen kleinen Streifen Tonpapier ab und kleben ihn quer über die Nadelrückseite, oder sie benutzen dafür ein sehr starkes Klebeband.

Cowboyweste

Eine Weste für den Cowboy oder Sheriff nähen die Kinder aus Stoff oder Fleece und verzieren sie mit Fransen. Als Westenstoff eignen sich alle festen Stoffreste, z.B. eine alte Jeans. Es macht gar nichts, wenn der Stoff ein bisschen ausfranst, weil er nicht an allen Kanten umgenäht wird. Das sieht dann richtig „gebraucht" aus. Aus einem anderen Stoff oder Filz schneiden die Kinder Fransen aus und nähen oder kleben sie an die Weste an.

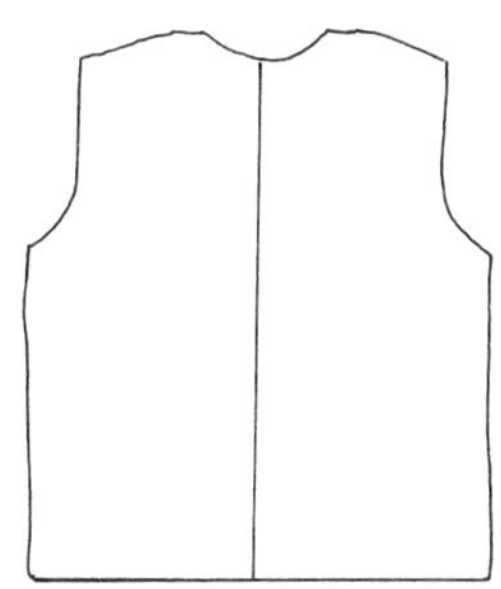

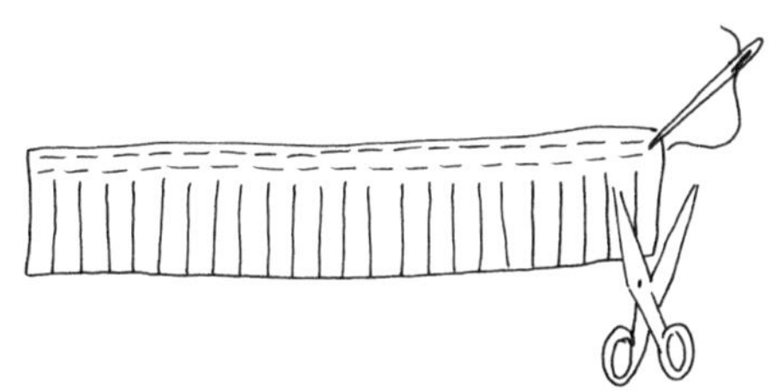

Körper bemalen, Kriegsbemalung

Die Körperbemalung der Indianer diente nicht nur der Abschreckung von Feinden in Kriegszeiten. Auch beim Sonnentanz oder ähnlichen Zeremonien wurde das Gesicht oder der Körper mit Farben und Mustern geschmückt. Vielleicht dürfen die Kinder sich einmal im Sommer beim großen Sommerfest bunt bemalen und einen Tanz aufführen, bei dem alle Besucher mitmachen.

Das können Sie gut gebrauchen

- Körperschminke
- alternativ: Vaseline und ungiftige Farbpigmente, Pflanzenfarbe oder feingeriebene Tafelkreide

- Pinsel
- Wasser

So wird es gemacht

Das Bemalen geht am besten mit Körperschminke, die Sie mit Wasser und Pinsel anrühren. Alternativ eignet sich auch einfache Vaseline, die Sie mit ungiftigen Pigmenten oder Pflanzenfarben einfärben. Hier müssen Sie aber vorher Proben auf einer kleinen Hautstelle machen, denn häufig lässt sich so eine Farbe schlecht von der Haut entfernen.

Tipp

Die Kinder sollten vor der Bemalung ihrer Körper den Sinn dieser „Zeremonie“ erfassen. Am besten haben sie vorher schon etwas über Rituale, Tänze und Bräuche erfahren und verstanden, dass es in einer Zeit ohne Kaufhäuser, fließendes Wasser und Fernsehen noch etwas Besonderes war, gemeinsam einen Regentanz zu veranstalten und sich dafür besonders zu schmücken.

Pfeil und Bogen

Viele Jungen und Mädchen wünschen sich irgendwann einmal Pfeil und Bogen. Um einigermaßen stabile Geräte herzustellen, sollten die Kinder Haselzweige suchen, die sich gut biegen lassen. Im Frühjahr können die Kinder am besten nach solchen Zweigen suchen. Der Haselzweig sollte eine gewisse Dicke haben, mindestens 2 cm Durchmesser, damit er auch etwas Spannung aushält.

Das können Sie gut gebrauchen

- Haselzweige
- Band (z.B. Bindfaden oder Leder)
- fester Bindfaden
- Draht
- Federn

- starker Kleber
- Schnitzmesser
- Cuttermesser

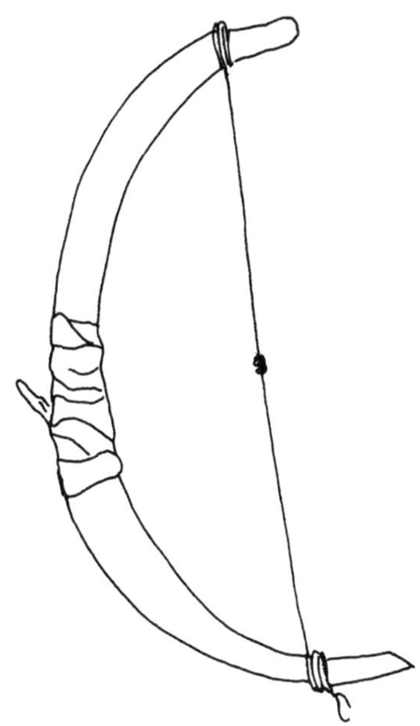

So wird es gemacht

Die Mitte des Bogens umwickeln die Kinder mit einem Band (Bindfaden, Leder). Das sieht nicht nur schön aus, sondern stabilisiert den Bogen noch zusätzlich. Wenn die Kinder in die Schnürung eine kleine Lasche oder ein Stück Leder einarbeiten, können sie den Pfeil später dort anlegen.

Jetzt nehmen die Kinder einen festen Bindfaden, den sie in den Bogen einspannen können. Bevor sie den Faden aber einspannen, müssen sie ihn etwas unterhalb der Mitte knoten. Den geknoteten Bindfaden spannen sie dann in den Bogen ein, indem sie diesen an den beiden Enden des Bogens festknoten. Der Knoten auf dem Bindfaden dient später als Anlegestelle für den Pfeil.

Pfeil und Bogen

Die Pfeile für ihren Bogen stellen die Kinder aus möglichst geraden Zweigen her. Mit einem Schnitzmesser spitzen sie dazu ihre Zweige an einem Ende etwas an.
Echte Pfeile fliegen so gut, weil die Spitze etwas schwerer ist. Das kann man erreichen, wenn man z.B. etwas Draht hinter die Spitze um den Zweig wickelt.

Damit der Pfeil auch wie ein echter Indianerpfeil aussieht, können die Kinder ein paar Federkämme o.Ä. an das hintere Ende des Pfeils kleben. Außerdem fliegt der Pfeil dann noch besser.
Die Federn müssen die Kinder dafür noch etwas zuschneiden:
Sie schneiden zunächst die Federspitzen auf etwa 5 cm Länge ab.

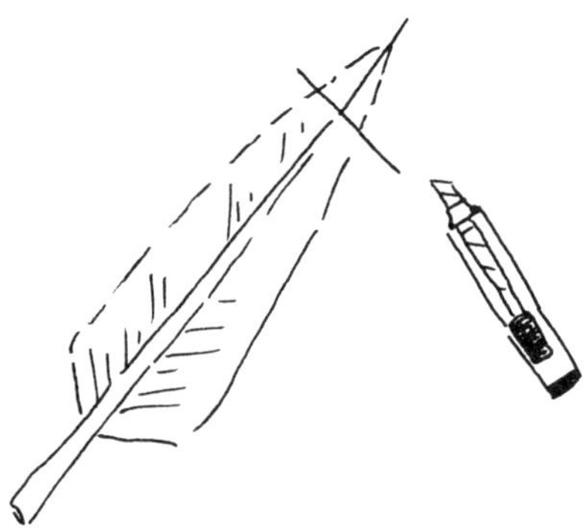

Dann schneiden sie die Federn längs am Kiel auseinander.
Am besten eignet sich zum Schneiden ein scharfes Messer (Cuttermesser). Drei der zerschnittenen Federkämme kleben die Kinder nun mit starkem Kleber rund um das Pfeilende herum.

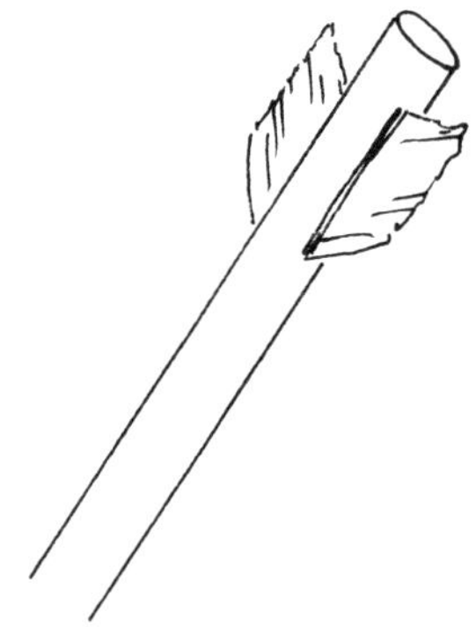

Steckenpferde

Egal, ob Cowboy oder Indianer, um sich fortzubewegen, benötigen beide ein Pferd. Gerade die jüngeren Kinder reiten begeistert auf Steckenpferden. Das Spiel mit diesem altbewährten Spielgerät ist nicht nur bewegungs- und koordinationsfördernd, sondern regt auch die Lust am Rollenspiel an.

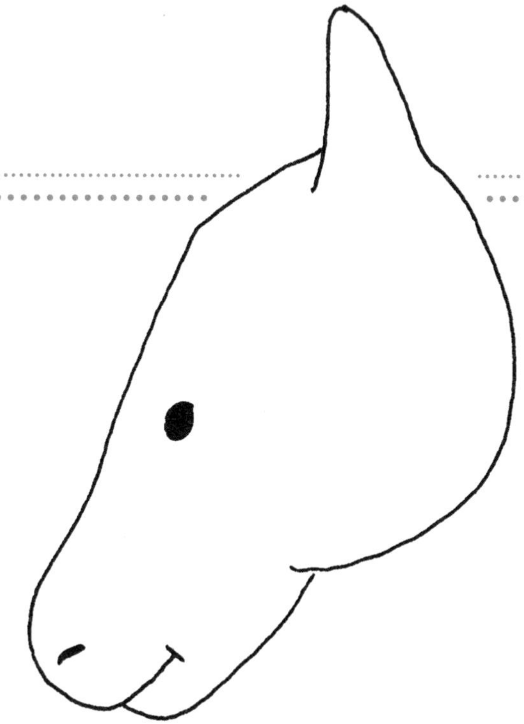

Das können Sie gut gebrauchen

- Holzstock oder Ast
- Tonpapier
- Stoffreste
- Plüsch
- Wolle
- alte (Woll-)Socken
- Filz
- Stifte
- Füllwatte oder Zeitungspapier zum Ausstopfen
- Knöpfe
- Nähgarn und Stickgarn

- Stifte
- Alleskleber
- Wäscheklammer
- Tacker
- Nadel
- evtl. Bohrmaschine, Raspel und Schnitzmesser
- evtl. Nähmaschine

So wird es gemacht

Mit Papierkopf

Für ein Pferd oder ein anderes „Steckentier" mit Papierkopf legen die Kinder einen Bogen Tonpapier doppelt und zeichnen den Umriss des Kopfes auf. Jetzt schneiden sie den Kopfumriss aus. Die beiden Kopfhälften können die Kinder nun noch bemalen oder bekleben. Zwei Ohren braucht das Pferd auch noch. Diese zeichnen die Kinder ebenfalls auf, schneiden sie aus und kleben sie an das Kopfteil.
Nun tackern Sie oder die Kinder die beiden Kopfteile aneinander. Dabei bleibt am „Hals", also am unteren Kopfende, gerade so viel Platz frei, dass der Stock später knapp hineinpasst. Wer nicht tackern will, benutzt Alleskleber und muss die Klebestellen etwa 5–10 Minuten mit einer Wäscheklammer stabilisieren.

Den Kopf stecken die Kinder nun auf den Stock und tackern ihn an bzw. kleben ihn fest. Wer mag, kann nun noch eine Mähne aus Fell, Stoffresten oder Wolle ankleben.

Ohren sehen besonders schön aus, wenn auch sie noch ausgestopft werden. Da das schwierig ist, können die Kinder einfach Filz- oder Plüschohren ausschneiden. Wenn sie den Stoff doppelt nehmen und aneinanderkleben, ist er schön dick, und die Ohren stehen gut. Die Ohren werden an den Kopf genäht.

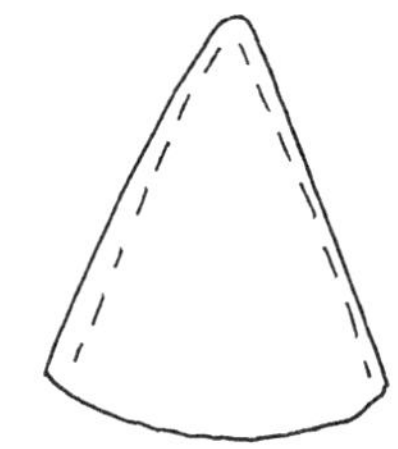

Als Augen dienen Knöpfe oder Stoffstückchen. Auch gestickte Augen sehen toll aus.

Socken- und Stoffköpfe

Alternativ zum Papierkopf können Sie oder auch ältere Kinder ab etwa sechs Jahren (mit Hilfe) einen Kopf aus Stoff oder einem Socken nähen. Stoff oder Fellimitat (Plüsch) wird, ähnlich einer Sockenform, rechts auf rechts zusammengenäht, umgestülpt und mit Füllwatte gefüllt (oder einfach mit alten Stoffresten oder Zeitungsknäueln).

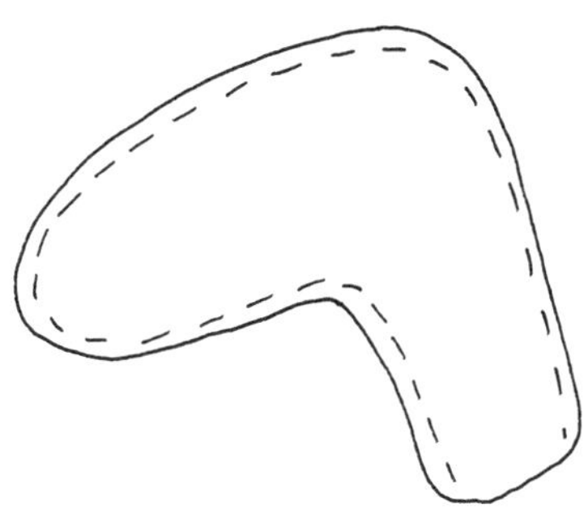

Eine Wollmähne wirkt am besten, wenn gleich lange Fäden in der Mitte mit der Nähmaschine aneinandergenäht werden. Das muss ein Erwachsener übernehmen, da es etwas Übung bedarf. Man kann die Wollschnüre aber auch an einen Sockenkopf knüpfen. Dazu können die Wollschnüre durch eine Masche gezogen und angeknotet werden.

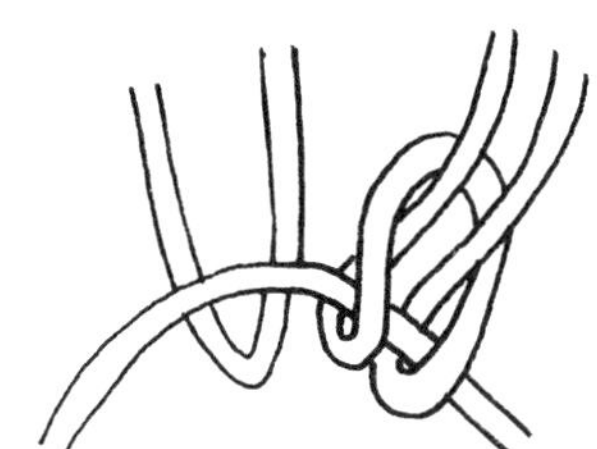

Steckenpferde

Eine Stoffmähne besteht aus lauter Stofffransen, die angenäht werden müssen. Sie können auch mehrere Bahnen mit Fransen übereinanderlegen und dann an das Pferd annähen.

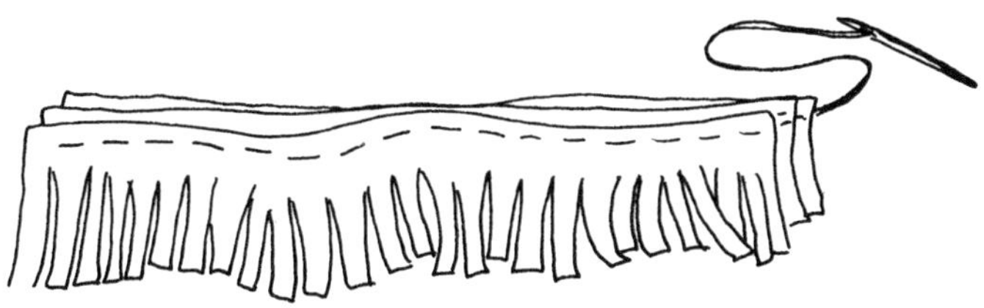

Der Sockenkopf wird schließlich auf einen Holzstab aufgesteckt und am unteren Sockenende fest mit einer Schnur umwickelt.

Tipp

Wer geschickt mit einer Bohrmaschine umgehen kann, bohrt sich ein Loch in den Holzstab (vorher ausmessen, wohin das Loch soll) und zieht die Schnur hindurch. So kann der Kopf nicht vom Stock rutschen.
Auch eine Kerbe, die rund um den Stock mit einer Raspel oder einem Schnitzmesser angebracht wird, gibt der Schnur bzw. dem Pferdekopf etwas mehr Halt.

Lassos herstellen

Kordeln aus Schnüren, Bändern und Seilen herzustellen, ist eine einfache Sache. Doch nur wenige Kinder wissen heute noch, wie man das macht.

Das können Sie gut gebrauchen

- Wolle
- Bindfadenschnüre
- Draht

- Schraubhaken
- Bleistift
- Handbohrer mit Schraubhaken

So wird es gemacht

Zwirbelvorübung

Zum Ausprobieren eignet sich einfache Wolle. Die Kinder nehmen eine 8 m lange Schnur und knoten ihre beiden Enden zusammen. Jetzt liegt die Schnur doppelt und hat nun eine Länge von 4 m. Die Seite mit dem Knoten hängen die Kinder irgendwo ein. Ideal ist ein Haken, der in Holz geschraubt wurde, oder die Türklinke einer verschlossenen Tür.

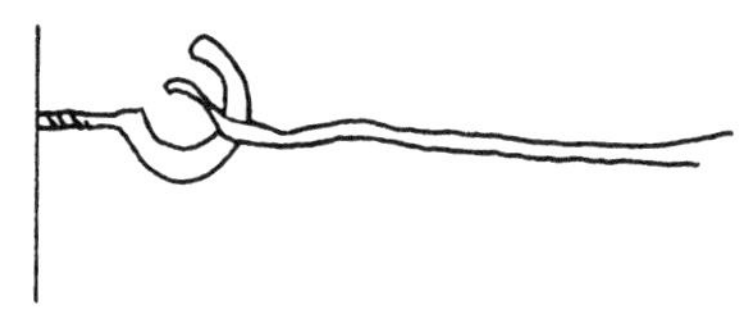

Durch das andere Ende der Schnur stecken die Kinder nun einen Stift. Dieser Stift ist die Kurbel. Jetzt wird fleißig gedreht. Dabei soll die Schnur etwas Spannung beibehalten und darf keinesfalls losgelassen werden.

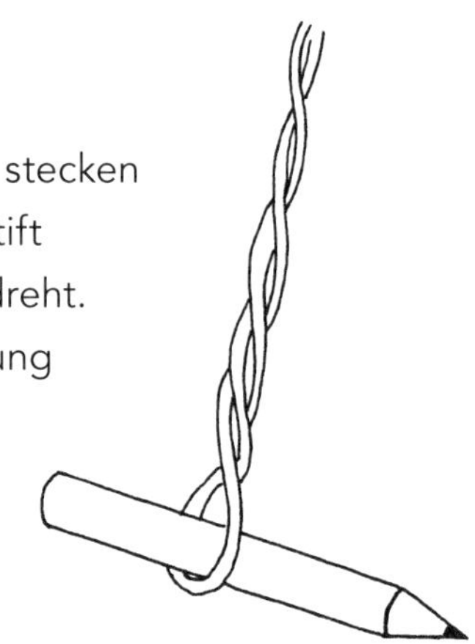

Lassos herstellen

Mit der Zeit spannt sich die Schnur immer mehr, die Kinder nähern sich dem anderen Ende. Ist die Schnur schon sehr stark gedreht, sodass sie beim Lockerlassen bereits versucht, sich zu verzwirbeln, halten die Kinder die Schnur etwa in der Mitte mit einer Hand fest, oder noch besser: Ein anderes Kind hält sie dort fest. Unter leichter Spannung führen die Kinder die beiden Enden nun zusammen. Das eine Ende wird nun vom Haken genommen, und dann lassen die Kinder beide Enden los. Die Schnur wickelt sich umeinander und verdreht sich automatisch zu einer festen Kordel.

Achtung

Doch bevor die Kinder damit herumtoben, müssen sie wissen, dass sie sich niemals solch ein „Lasso" um den Körper wickeln und dann auf Bäume klettern dürfen. Bleiben sie hängen und der Knoten zieht sich zu, können sie sich strangulieren.

▶ Lassos herstellen und knoten

Stellen die Kinder aus mehreren Bindfadenschnüren solche Kordeln her, können sie diese als Lasso verwenden. Zum Wickeln könnte man anstelle eines Bleistifts auch ein Handbohrer verwenden. Statt eines Bohrers wird einfach ein Haken ins Bohrfutter geklemmt, an dem die Schnüre dann eingehakt sind.

Ist das Seil für das Lasso dann fertig gezwirbelt, fehlt nur noch der Lassoknoten. Ein Lassoknoten ist eine Kunst für sich. Folgendermaßen gelingt er recht gut:

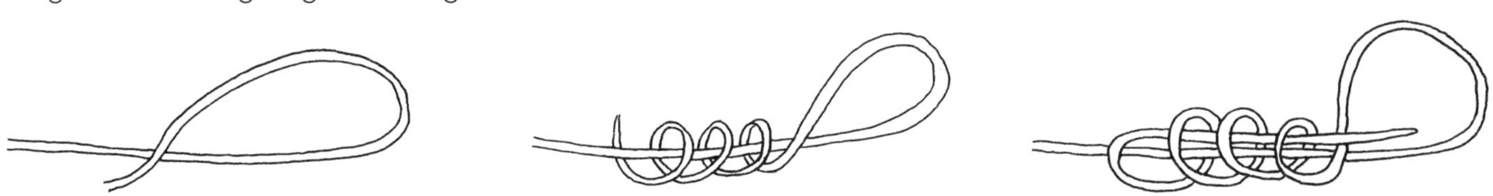

Variante

Echte Lassos werden übrigens so hergestellt, dass sie fest sind wie Draht. Daher gelingt es mit den Kordeln oder Seilen nicht, so zu schwingen wie mit dem echten Lasso. Man könnte aber versuchen, einen Draht mit einem Seil zu verwickeln, um sein Lasso zu stabilisieren.

Tipi mit Bemalung

Kleine Tipis zum Spielen mit Puppen und Spielfiguren sind schnell gebastelt. Je nach Wunschgröße müssen die Kinder das entsprechende Material zusammenstellen. Für die Modelleisenbahn reichen schon Zahnstocher, für Playmobil-Figuren sind Schaschlikspieße ideal. Für Puppen eignen sich dünne Stöcke aus dem Wald oder auch Laternenstecken.

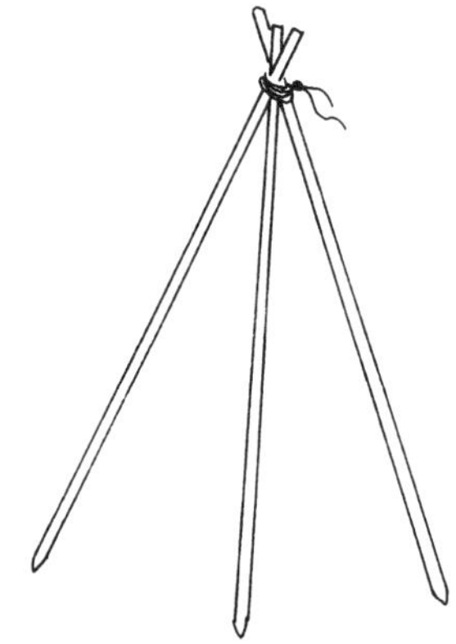

Das können Sie gut gebrauchen

- Zahnstocher, Schaschlikspieße oder Stöcke
- Stoff, z.B. Filz, Fleece, Waschleder
- kleine Stöckchen zum Verschließen
- Bindfadenschnur
- Farben
- Schere

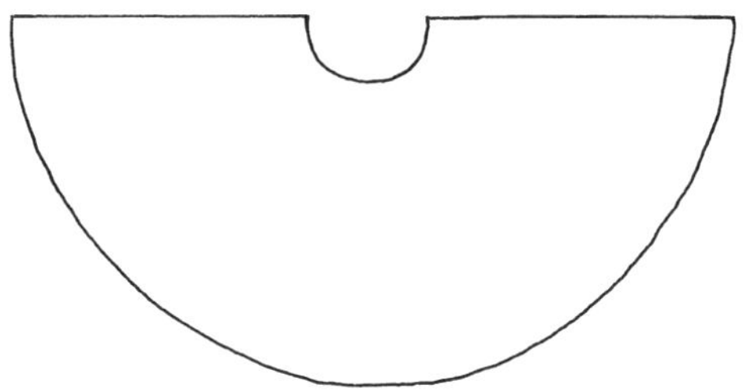

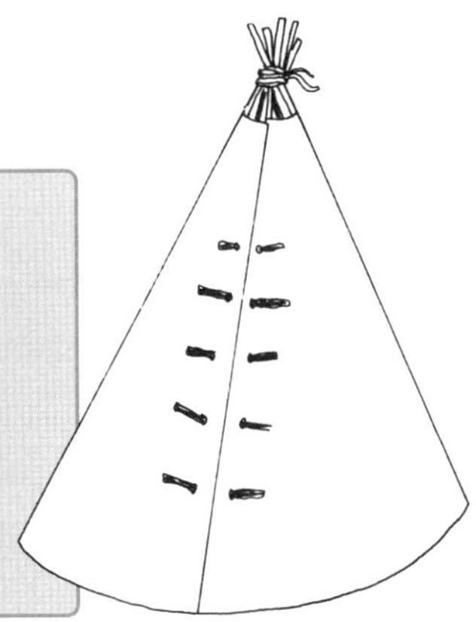

> *Tipp*
>
> **Bevor der Stoff aber über das Tipi gelegt werden kann, bemalen die Kinder ihn noch mit indianischen Mustern.**

So wird es gemacht

Als erstes knoten die Kinder drei Stangen etwa im oberen Viertel mit Bindfaden zusammen. Das „Dreibein" stellen sie auf, dann folgen weitere Stäbe rundherum. Nur zwischen zwei Stäben bleibt etwas Platz frei – das ist später der Eingang. Die weiteren Stäbe müssen die Kinder wieder stramm mit Schnur umwickeln.

Den Stoff für das Tipi schneiden die Kinder halbkreisförmig zu. Oben bleibt etwas Platz für den „Rauchabzug". So zumindest ist das bei echten Tipis.

Für diese Spieltipis ist das größere Loch oben praktisch, um den Stoff besser aufsetzen zu können. Sind oben und unten ein paar Schnüre an den Tipi-Stoff angebracht, lässt sich der Stoff gut am Tipi-Gestänge anknoten.

Auch für den Eingang knoten oder nähen die Kinder Schnüre an. In Fleecestoff oder Waschleder können die Kinder auch gut Löcher schneiden. Hier stecken sie später kleine Stöckchen durch, die das Zelt verschließen, oder sie knoten Schnüre an.

Blockhütte aus Hölzern

Das können Sie gut gebrauchen

- Streichhölzer
- Zweige
- Eisstiele
- Zahnstocher
- dünner Bindfaden

- Holzleim

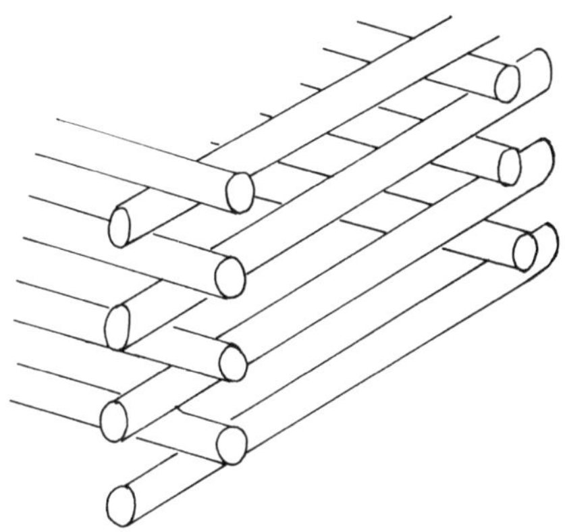

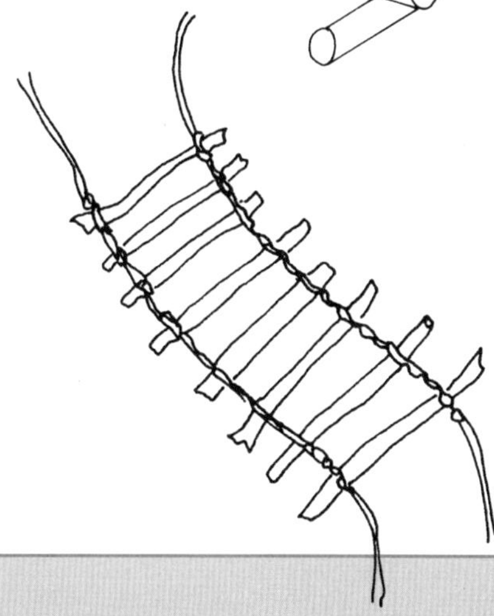

> *Tipp*
>
> **Vielleicht dürfen die Kinder in der Kita eine Ecke für eine große Landschaft nutzen. Aus Pappmaschee, Styropor, Maisstärke, Knete und Holz basteln sie eine Prärie, stellen Tipis her und bauen Blockhütten auf.**

So wird es gemacht

Ein Spielblockhaus in beliebiger Größe können die Kinder einfach aufeinanderschichten, wie es in der Illustration dargestellt ist. Zur Stabilität geben sie jeweils etwas Holzleim auf die Verbindungsstellen.

Auf diese Art lässt sich auch ein ganzes Fort für das Militär der Wild-West-Landschaft bauen. Türme, Zäune und eine Zugbrücke sind schnell und einfach gebaut.

Auch eine Hängebrücke oder andere Brücken können aus Hölzern zusammengesetzt werden. Hierfür knoten die Kinder die einzelnen Zweige oder Hölzchen mit einem dünnen Bindfaden nebeneinander.

Variante

Echte Blockhäuser werden etwas aufwändiger gebaut als unser Beispiel hier. Dort werden nämlich noch Keile ausgesägt oder gehackt, um die Hölzer genau aufeinanderzupassen. Vielleicht wollen ältere Kinder das im Werkraum zusammen ausprobieren. Die Fugen werden häufig noch mit Grasnabe oder Lehm verschmiert, damit Wind, Regen und Schnee nicht eindringen können.

Indianerschmuck

Das können Sie gut gebrauchen

- Salzteig oder lufttrocknende Knetmasse
- Perlen
- Farben, Pigmente oder Lebensmittelfarbe
- Lederbänder, Bindfäden, Zwirn
- Perlen
- Baumwollzwirn
- Papier
- Gummiband
- Federn
- Stoffbänder aus Fleecestoff

- Schere
- Kleber
- Tacker
- Perlenwebrahmen oder längere Holzleiste
- Nadel
- Webrahmen oder Holzbrett
- Nägel und Hammer
- Nähmaschine

So wird es gemacht

Perlen herstellen

Um selbst Perlen herzustellen, formen die Kinder aus lufttrocknender Knetmasse oder Salzteig kleine Kügelchen und stechen mit einer Nadel oder einem dünnen Nagel ein Loch hindurch. Werden die Kugeln vorher etwas plattgedrückt, entstehen flache Perlen, die sich gut aufeinanderfädeln lassen.

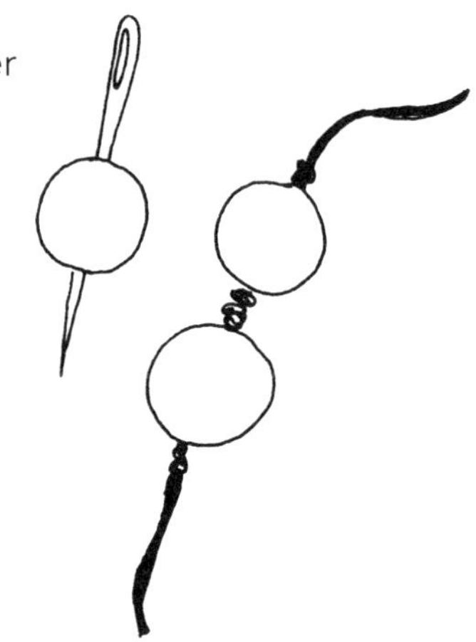

Farbige Perlen sehen natürlich auch schön aus. Hier haben die Kinder zwei Möglichkeiten, ihre Perlen einzufärben:

- Sie färben die Knetmasse mit Pigmenten, Farbe oder Lebensmittelfarbe ein und verkneten sie erst dann.
- Sie bemalen die Perlen nach dem Trocknen bzw. Backen oder tauchen sie in Farbe ein.

Die fertigen Perlen fädeln die Kinder auf Lederbänder, Bindfäden, dicken Zwirn etc. auf. So entstehen Ketten, Armbänder, Fußkettchen usw. Geschickte Kinder, die schon etwas nähen können, versuchen, ihre Kettenfäden an ihr Indianergewand anzunähen.

Indianerschmuck

▶ Perlen weben

Zum Perlenweben gibt es spezielle Webrahmen, die etwa 25–45 cm lang und eher schmal (etwa 10 cm) sind. Auf diesen Webrahmen stellen die Kinder Perlenbänder her, die sie dann ideal als Stirnband tragen können.

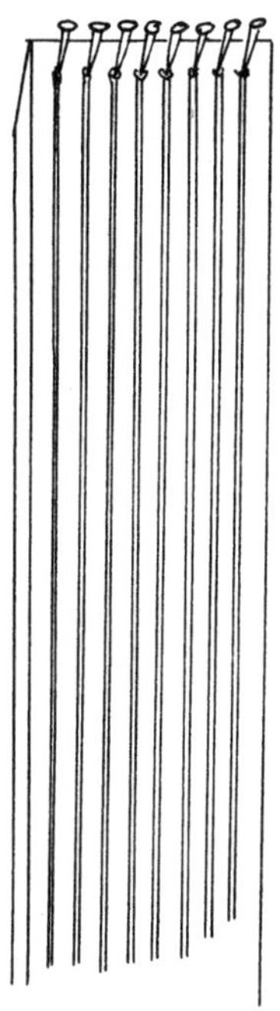

Wer keinen neuen Webrahmen kaufen will, benutzt einfach seinen normalen Schulwebrahmen oder baut sich selbst einen Webrahmen: Auf ein längliches Holzbrett schlagen die Kinder zwei parallele Nagelreihen ein. Die Nagelreihen liegen dabei je an der schmaleren Seite des Holzbretts. Das Holzbrett sollte idealerweise so lang sein, wie auch das Perlenband später lang werden soll. Der Abstand zwischen den einzelnen Nägeln richtet sich nach der Breite der Perlen.

Die Kinder wickeln nun einen stabilen Faden, z.B. einen dicken Baumwollzwirn, um die Nägel. Für ein Stirnband benötigt man etwa 8 Fäden.

Das Perlenweben funktioniert etwas anders als das reine Fädenweben. Hierbei fädelt das Kind bei 8 Fäden 9 Perlen auf eine lange Nadel und legt die Nadel auf die Fäden des Webrahmens, sodass immer eine Perle zwischen zwei Fäden liegt. Außen, am Rand, sollte auch jeweils eine Perle liegen.

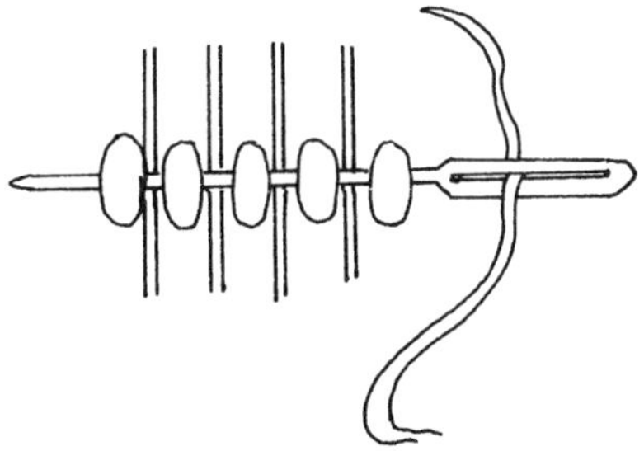

Nun ziehen die Kinder die Nadel durch, fixieren die Perlen mit einem Finger und drücken sie gleichzeitig etwas nach unten. Dann stechen sie mit der Nadel unterhalb der Fäden wieder in die Perlen ein und ziehen den Webfaden erneut durch die Perlen.

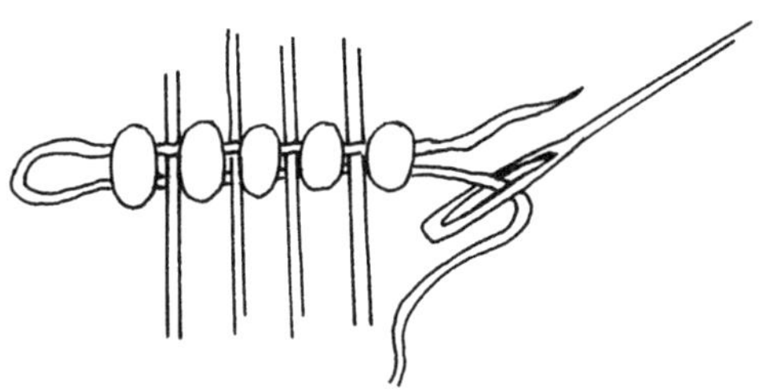

Die nächsten 9 Perlen werden wieder auf die Nadel aufgesteckt und oben aufgelegt. Nun beginnt der Webvorgang von vorne. So fahren die Kinder fort, bis ihr Perlenband die richtige Länge hat. Manche Kinder legen die Perlen lieber zuerst unter die Kettfäden und fädeln dann von oben durch die Perlen durch.

Federschmuck

Der Häuptling des Indianerstammes braucht den schönsten Federschmuck. Solch ein Federschmuck lässt sich ganz einfach aus buntem Papier herstellen. Für das Band schneiden die Kinder zunächst lange Streifen, etwa 4 cm breit, aus und kleben sie aneinander, bis der Streifen etwa von der Taille über den Kopf hinweg zur anderen Seite der Taille reicht.

Nun schneiden die Kinder Federn aus Papier aus. Am besten malen sie sich eine Vorlage auf ein festes Tonpapier und zeichnen diese auf ihr buntes Papier ab. Ihre Papierfedern kleben die Kinder dann in regelmäßigen Abständen auf das Papierband. Damit der Schmuck am Kopf hält, befestigen sie noch ein Gummiband auf der Rückseite. Dafür muss das Band über die Stirn gelegt werden, um zu messen, wie lang das Gummiband sein muss. Es sollte fest am Hinterkopf über dem Nacken sitzen. Sie können es einfach an das Papierband antackern.

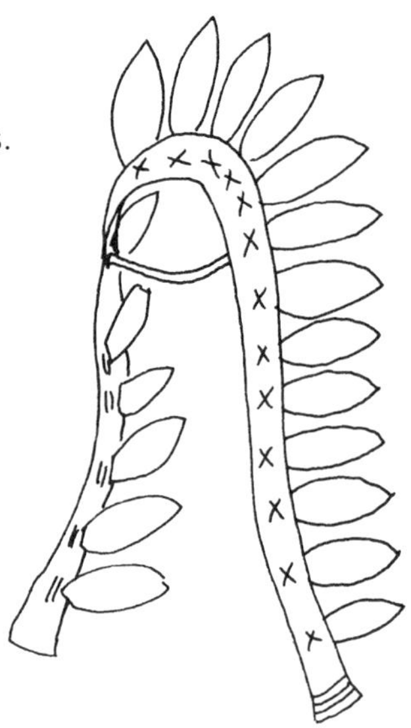

Variante

Wer echte Federn hat, kann diese natürlich auch an den Papierstreifen kleben.

Schöner als das Papierband ist ein genähtes Band aus Stoff. Nimmt man Fleecestoff, muss man das Band noch nicht einmal umnähen, sondern nur ausschneiden. Die Federn können die Kinder auch leicht in den Fleecestoff einschieben. Dafür schneiden sie je zwei kleine Löcher übereinander und stecken die Feder von innen durch das obere Loch hindurch auf die Außenseite und von dort durch das zweite Loch wieder zurück auf die Innenseite.

Wer bereitwillige und geschickte Eltern findet, bittet darum, mit der Nähmaschine über die Federn zu nähen, dann können sie nicht mehr herausfallen.

Kutschen und Planwagen

Aus Pappkartons, Eierschachteln, Toilettenpapierrollen und Tonpapier lassen sich allerlei Fahrzeuge basteln. Im Wilden Westen fuhren zum Transport von Gegenständen und Menschen noch Kutschen. Die Post wurde in der Postkutsche transportiert.

Das können Sie gut gebrauchen

- Pappschachteln, Eierschachteln, Toilettenpapierrollen
- Papier und Pappe
- Farben
- Musterbeutelklammern
- lange, dünne Rolle
- Schaschlikspieß

- Alleskleber
- Holzleim
- Nagelschere, Scherenschnittschere oder Cuttermesser

So wird es gemacht

Das Kutschhäuschen stellen die Kinder aus einer Pappschachtel her, die sie entsprechend bemalen. Türen und Fenster schneiden sie aus. Dafür eignet sich eine Nagel- oder Scherenschnittschere oder auch ein Cuttermesser.

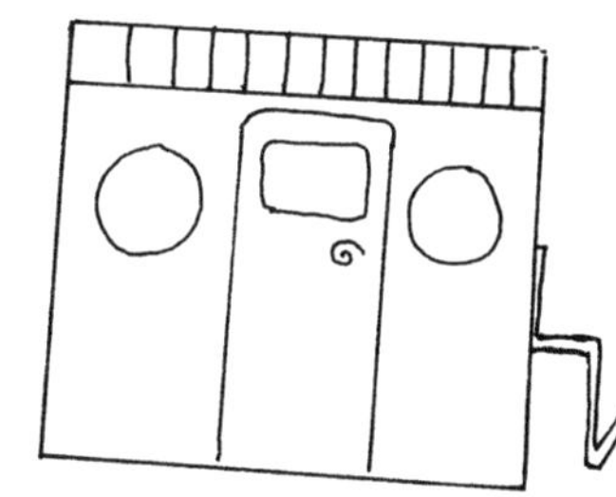

Aus einem Stück Pappe bringen die Kinder vorne für den Kutscher eine Sitzbank und eine Fußleiste an. Dazu falten sie das Stück Pappe zunächst Ziehharmonika-artig, klappen es wieder auf und kleben es vorne an dem Kutschhäuschen fest.

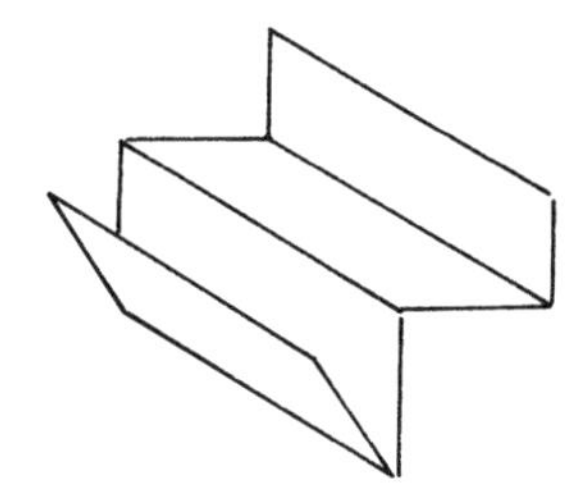

Oben auf der Kutsche wurde das Gepäck transportiert. Damit es nicht herunterfällt, braucht die Kutsche eine Art Geländer aus Pappstreifen.

Kutschen und Planwagen

Die Postkutsche bekommt ein großes Posthorn aufgemalt. Vielleicht mag das eine oder andere Kind auch ein Posthorn aus Pappe ausschneiden und dem Kutscher (einer kleinen Spielfigur) in die Hand geben.

Jetzt fehlen noch die Räder für die Postkutsche. Die Kinder schneiden sie aus fester Pappe aus. Die Pappräder können die Kinder mit Musterbeutelklammern an dem Kutschhäuschen anbringen.

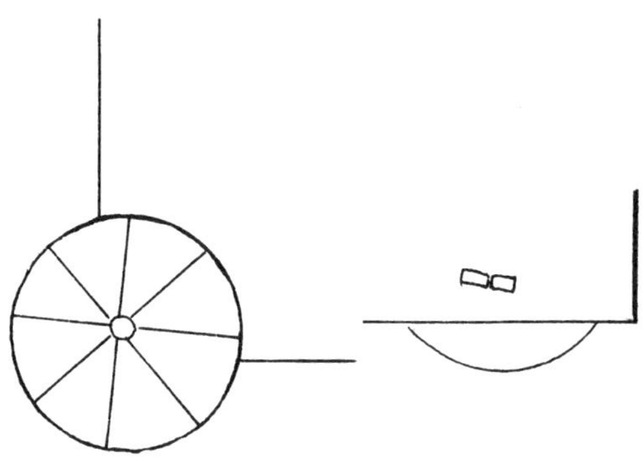

Wer eine richtige Achse bauen will, benutzt je eine dünne Rolle, z.B. von Cellophan aus der Küche, und klebt diese unter die Kutsche. Durch diese Rolle schieben die Kinder dann jeweils einen Schaschlikspieß hindurch. Jetzt schlitzen die Kinder die Räder kreuzförmig ein, geben etwas Alleskleber oder Holzleim auf die Enden des Schaschlikspießes und stecken die Räder dann vorsichtig auf den Spieß.

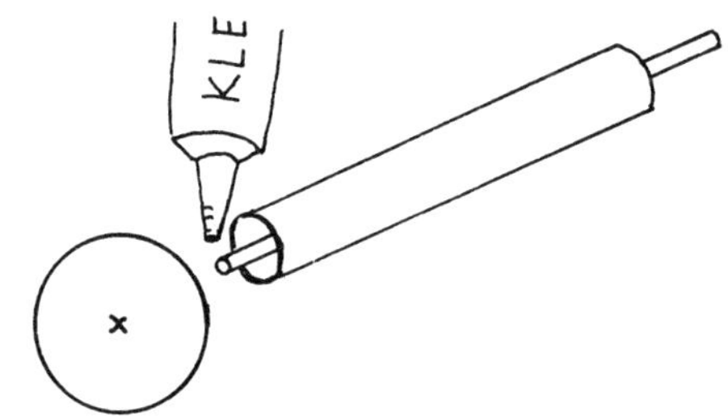

Die Räder kleben nun an dem Spieß. Schiebt man die Kutsche danach an, setzen sich die Räder in Bewegung, und der Spieß in der Rolle dreht sich dabei.

Tipp

Lassen Sie die Kinder zunächst ein paar Bilder von Kutschen ansehen und nachvollziehen, wie diese funktioniert haben. Meistens haben die Kinder selbst gute Ideen und kommen beim Ausprobieren auf innovative Lösungen für die Mechanik ihrer Kutsche.

Lederbeutel

Egal ob Indianer oder Cowboy, irgendwo haben sie wichtige kleine Güter aufbewahrt, seien es Geldstücke, Gold oder auch Amulette gewesen. Dafür gab es Lederbeutel, damals gab es ja ausreichend Leder, denn die Tiere wurden selbst geschossen und gehäutet. Manche Beutel bestanden auch aus Fellstücken. Kleine und große Lederbeutel sind schnell und einfach selbst hergestellt.

Das können Sie gut gebrauchen

- Leder; alternativ: Stoff, Fleece, Waschleder o.Ä.
- Lederschnur oder Bindfaden
- große Perlen

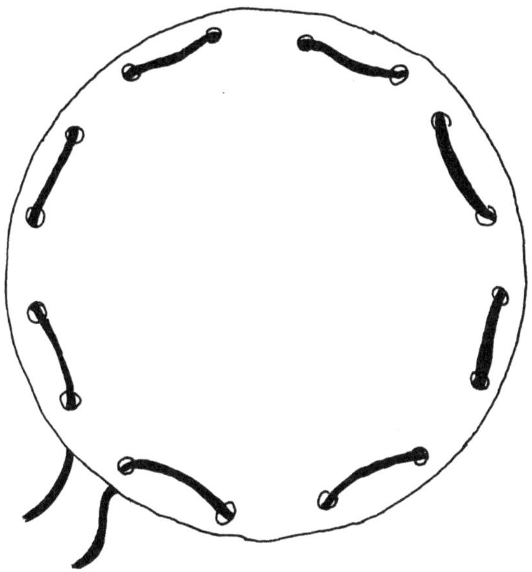

So wird es gemacht

Für einen kleinen Beutel schneiden die Kinder einen Kreis (z.B. mit 30 cm Durchmesser) aus Leder oder anderem Material aus. Am Rand entlang stanzen sie rundherum Löcher in ihren Kreis. Durch diese Löcher fädeln sie dann einen Bindfaden oder eine Lederschnur auf und ab. Dabei sollte der Faden so eingefädelt werden, dass die Fadenenden außen herunterhängen. Zieht man nun an den Fadenenden, zieht sich der Kreis zu einem kleinen Säckchen zusammen.

Tipp

Damit die Schnur nicht wieder herausrutschen kann, fädelt man schöne Perlen auf, hängt kleine Federn oder sonstige Verzierungen an. Auch der Beutel selbst kann bemalt, beklebt und verziert werden.

Dinosaurier

Spätestens mit vier Jahren interessieren sich Kinder für Dinosaurier. Aber auch vorher finden sie die Bilder dieser sonderbaren Urtiere aufregend. Es gibt wunderbare Bücher und Kinder-Lexika zum Thema, die zeigen, welche Artenvielfalt damals schon vorhanden war. Sehen die Kinder dann im Zoo Reptilien wie Krokodile oder Echsen, stellen sie vielleicht schon selbst Vergleiche zu den urzeitlichen Vorfahren auf … Hier sind zweifelsohne enorme Ähnlichkeiten zu entdecken. Die Zeit der Dinosaurier ist eine Reise wert und sollte gerade für die jüngeren Kinder nicht allzu genau genommen werden. Es macht nichts, wenn die Zeitgrenzen verschwimmen und Steinzeitmenschen auftauchen, damit die Kinder auch deren Leben kennenlernen können.

Was Sie auf Ihrer Reise in diese Zeit auch noch einplanen können

- Abenteuer im Urzeit-Dschungel – ein Ausflug in einen dichten Wald
- Lieder, Musik und Tänze
- Bewegungsspiele
- Dino-Fasching mit lustigen Verkleidungen
- Theaterstücke
- Ausflüge zu Dinoparks und Museen, Ausgrabungsorten etc.

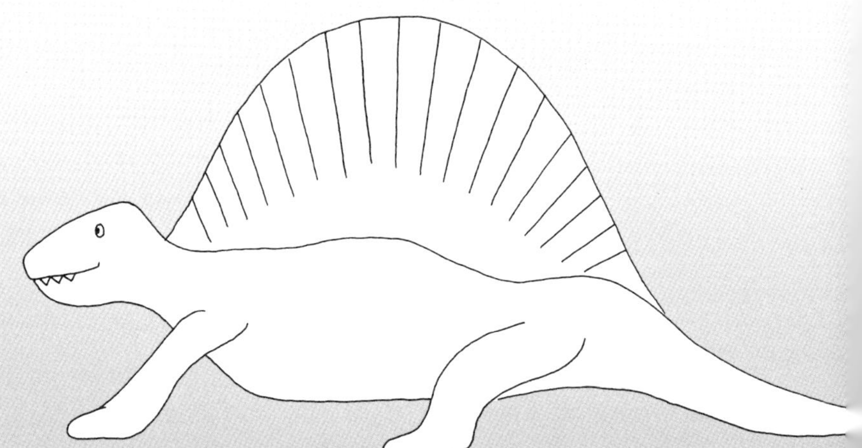

Dino-Tisch

Wer in seinem Gruppenzimmer Platz hat, kann mit den Kindern einen Dino-Tisch bauen. Als Grundgerüst dient ein alter, einfacher Tisch. Es darf auch ein dreibeiniger Beistelltisch sein. Haben sich die Kinder geeinigt, für welchen Dino oder welche Echse sie einen Tisch kreieren möchten, benötigen sie ein Modell. Am besten ist hier natürlich ein plastisches Modell, das die Kinder als Vorlage benutzen können. Ideal sind kleine Dino-Spielfiguren, weil man das Tier so von allen Seiten sehen und sich beim Bau daran orientieren kann.

Das können Sie gut gebrauchen

- alter Tisch oder Hocker
- Dino-Spielfigur als Modell
- Drahtgitter (z.B. Hasendraht)
- Draht oder Malerkrepp zum Befestigen
- Pfeifenreiniger für das Tisch-Modell
- evtl. Papprollen oder Styroporteile zum Ausformen
- Pappstücke als Unterlage für die Tischfüße
- Acrylglasscheibe oder richtige Glasscheibe als Tischfläche
- evtl. Acrylglas
- Farben
- Zeitungspapier und Kleister
- Acrylfarben oder Temperafarben
- Klarlack
- transparentes Silikon
- Drahtschere
- Tacker
- Hammer
- Laub- oder Stichsäge
- Alleskleber
- Heißklebepistole

So wird es gemacht

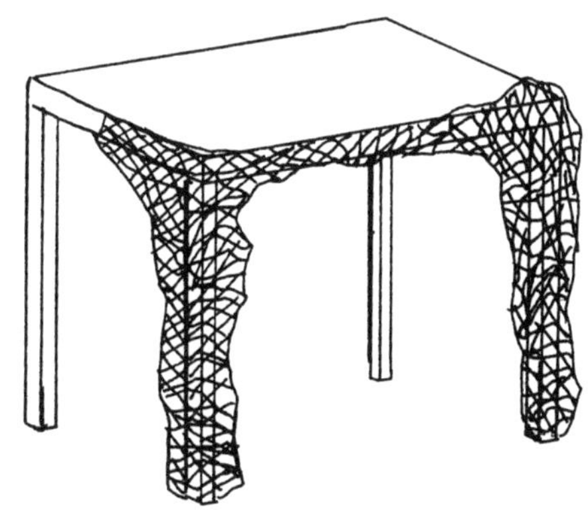

Die Kinder konstruieren mithilfe des Drahtgitters ein Dino-Gerüst um ihren alten Tisch herum. Dieses Gerüst gibt die grobe Form für den Dino vor.

> *Tipp*
>
> **Einfacher Hasendraht eignet sich hierfür am besten, weil dies ein relativ feinmaschiges Drahtgitter ist, das sich gut mit einem Seitenschneider teilen und mit den Händen biegen lässt. Achten Sie aber trotzdem darauf, dass die Kinder sich nicht an vorstehenden Drahtenden verletzen.**

Dino-Tisch

Je nach Wunschform setzen die Kinder die Extremitäten an. Hals und Kopf müssen an den Tisch geformt werden. Dafür biegen die Kinder das Drahtgeflecht rund und verbinden es mit Draht oder Malerkrepp.

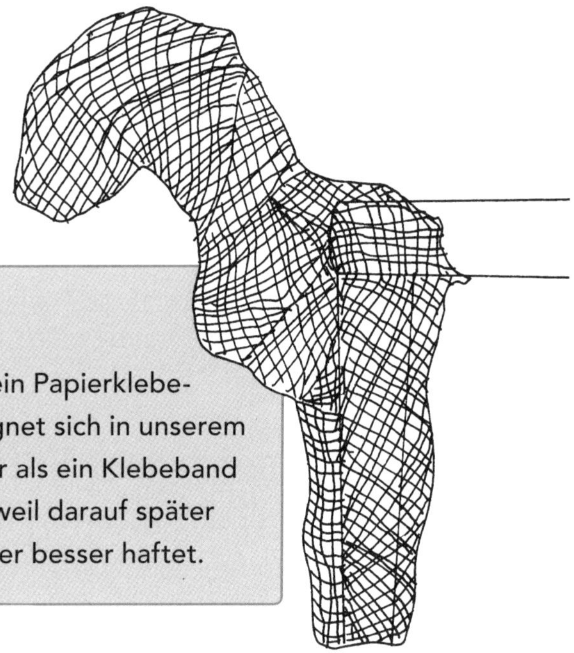

Tipp

Malerkrepp ist ein Papierklebeband. Dieses eignet sich in unserem Vorhaben besser als ein Klebeband aus Kunststoff, weil darauf später das Kleisterpapier besser haftet.

Um den Hals am Tisch zu befestigen, tackern die Kinder diesen am Tisch fest. Klammern, die etwas zu weit hochstehen, klopfen die Kinder einfach noch in den Tisch, damit diese später nicht stören. Der Hals sollte recht gut befestigt werden, damit er sich selbst trägt und später nicht zur Bruchstelle wird.

Tipp

Bei der Planung der Dino-Form sollte auch der Platz im Raum bedacht werden, an der der Tisch später stehen soll. Steht der Kopf weit nach vorne, benötigt der Tisch sehr viel Platz. Besser ist es, den Kopf etwas um die Kurve oder nach oben bzw. unten zu biegen.
Wer sich die Form nicht so gut vorstellen kann, steckt sich ein Modell aus Pfeifenreinigern und Kastanien zusammen und probiert verschiedene Positionen aus.

Bei der Modellierung des Dino-Schwanzes verfahren die Kinder ebenso wie bei Hals und Kopf. Anschließend bringen sie noch Details an, wie z.B. die Hörner o.Ä. Diese werden zunächst wieder aus Drahtgeflecht gebogen und dann angedrahtet. Alternativ können die Kinder hierfür aber auch Papprollen oder Styroporteile verwenden.

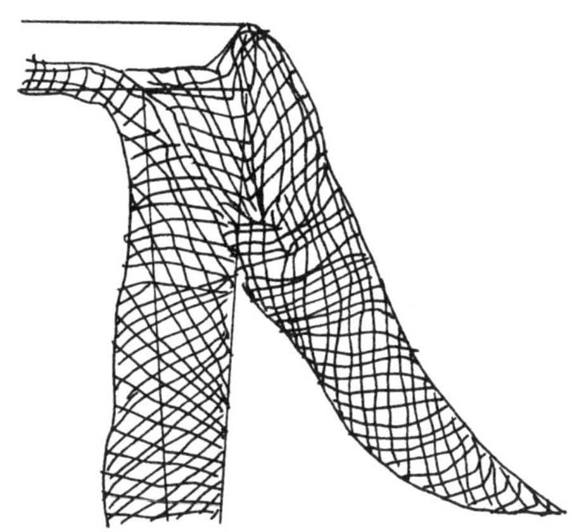

Dino-Tisch

Für die Dino-Beine umwickeln die Kinder einfach die Tischbeine mit dem Drahtgeflecht und arbeiten dann noch Füße für ihren Dino aus.

> *Tipp*
>
> **Damit der Tisch später eine gute Stehfläche hat, kann man unten jeweils ein dickes Stück Pappe unter die Tischfüße legen und dann mit Drahtgeflecht umgeben. Krallen können jetzt schon ausgeformt werden, das geht aber auch noch später beim Kleistern.**

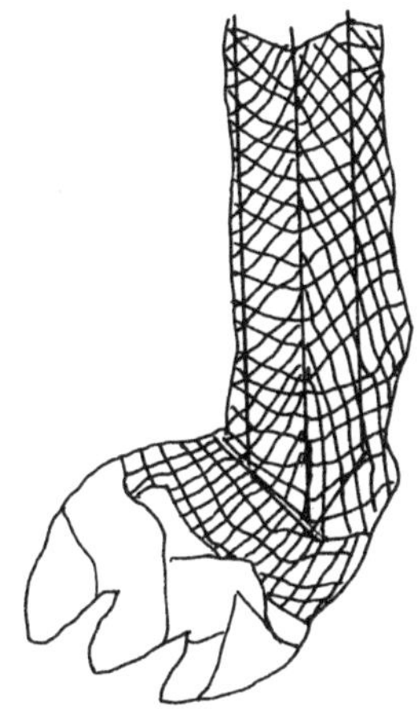

Hat der Tisch nur drei Beine, formen die Kinder das vierte Bein bzw. den zweiten Arm selbst. Diese letzte Extremität kann aber auch nach vorne oder nach oben deuten. Die Technik ist hierbei die gleiche wie beim Modellieren von Hals und Schwanz.

Bevor die Kinder anfangen, zu kleistern, sollte die Gruppe entscheiden, ob die Tischfläche später aus Pappkaschee oder aber z.B. aus einer Acrylglasscheibe bestehen soll. Die zweite Lösung hat den Vorteil, dass man beim Kleistern nur eine relativ ebene Fläche schaffen muss und die Scheibe dann eine schöne glatte Tischfläche garantiert.

> *Tipp*
>
> **Acrylglas gibt es günstig im Baumarkt. Sie können es mit der Laub- oder Stichsäge zuschneiden. Richtiges Glas sollte der Glaser auf die gewünschte Form schneiden.**

Schicht für Schicht tragen die Kinder nun Zeitungspapier und Kleister auf. Das geschieht in vielen Durchgängen, daher ist die Genauigkeit bei den ersten Schichten noch nicht so wichtig. Um eine schöne Form zu gestalten, wird das feuchte, klebrige Papier modelliert. Dafür müssen es die Kinder sanft in die richtige Form streichen und drücken. Eventuell knüllen die Kinder weiteres Zeitungspapier locker zusammen und kleistern diese „Knüllen" dort an den Tisch, wo eine Beule entstehen soll. Auf diese Art arbeiten sie auch die Kopfform aus. Für die Nase knüllen sie beispielsweise eine ganze Zeitungsseite locker zusammen und kleben sie vorsichtig an. Wenn nun weitere Schichten Kleisterpapier daraufkommen, kann die Rundung in Form gedrückt werden. Erst beim Weiterkleistern erhält sie Endgültigkeit.

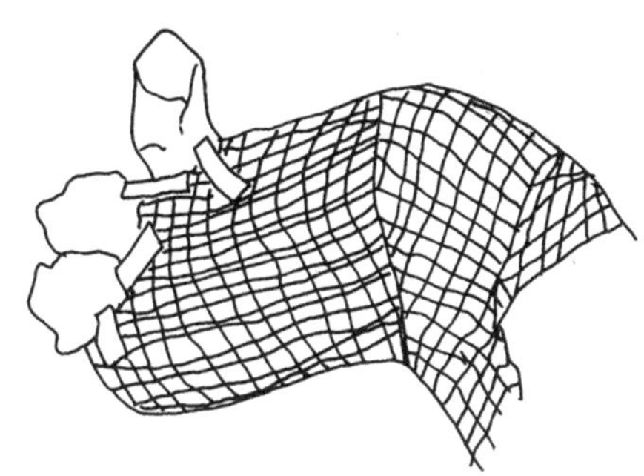

Nach einer Arbeitsrunde sollte der Tisch jeweils über Nacht antrocknen. Daher ergibt sich eine relativ lange Arbeitszeit für den Dino-Tisch. Wollen die Kinder noch etwas an der Form verändern, geht das am besten, so lange der Kleister noch weich ist.

Zum Ende hin müssen Details ausgearbeitet und die Konturen geglättet werden. Jetzt ist Feingefühl angesagt. Die Kinder sollten darauf achten, dass es keine über- oder aufstehenden Papierstücke gibt, diese sehen später nicht schön aus.
Die Oberfläche sollte sich angenehm weich und glatt anfühlen. Es sei denn, die Kinder haben eine sehr rubbelige, raue Spezies eines Dinos ausgewählt. Dann muss sich die Oberfläche natürlich entsprechend anfühlen.

Tipp

Die empfindlichsten Stellen sind die Verbindungen zwischen Hals und Tisch und Schwanz und Tisch. Hier müssen ausreichend Schichten Kleisterpapier angebracht worden sein, damit später keine Bruchstelle entsteht.

Nun sollte der Tisch einige Tage trocknen. Dann wird er bemalt. Temperafarben für Kinder eignen sich dazu sehr gut. Nach dem Bemalen und weiterer Trockenzeit wird der gesamte Tisch noch mit zwei Schichten Klarlack oder Acrylfarben überzogen. Zwischen den beiden Schichten sollten mindestens 10 Stunden Trockenzeit liegen, damit es keine rauen, klumpigen Stellen gibt.

Zum Schluss muss noch die Glasscheibe aufgesetzt und befestigt werden. Am besten hält die Scheibe, wenn man sie mit transparentem Silikon fixiert. Acrylglas können Sie auch mit der Heißklebepistole befestigen.

Urige Schalentiere für das Fensterbrett

Zur Zeit der Dinosaurier gab es unzählige Arten von Schnecken und anderen Schalentieren. Die Kinder können über längere Zeit immer wieder Schneckenhäuser sammeln und diese zum Basteln verwenden. Im Bastel- oder Dekorationsgeschäft kann man Muscheln kaufen. Vielleicht können die Kinder aber auch von zu Hause ein paar Muscheln aus dem letzten Strandurlaub mitbringen.

Das können Sie gut gebrauchen

- Schneckenhäuser
- Muscheln
- lufthärtende Masse oder Maisstärkeknete
- Acryl- oder Temperafarbe; alternativ: Kindergartenfarbe
- Bastelleim, Latexlack
- farbiges Papier
- Naturmaterialien wie Moos, Erde, Rinden, Steine, Farne, Blätter
- blaue Plastikfolie

- Pinsel

So wird es gemacht

Die Körper der Schnecken gestalten die Kinder aus lufthärtender Masse. Mit Maisstärkeknete oder Pappmaschee funktioniert das recht gut (siehe Rezeptseiten). Je nach Wunsch und Idee werden es herkömmliche Schneckenkörper, wie die Kinder sie kennen, oder aber die Kinder denken sich andere Schneckenformen aus und kreieren vielleicht richtige Urtiere.

Auf oder an den Schneckenkörper setzen die Kinder eine Muschel und drücken sie so fest an, dass sie beim Trocknen der Masse fest daran haften bleibt. Eventuell müssen die Kinder dazu noch etwas Masse unter die Muschel streichen, damit mehr Stabilität gewährleistet ist.

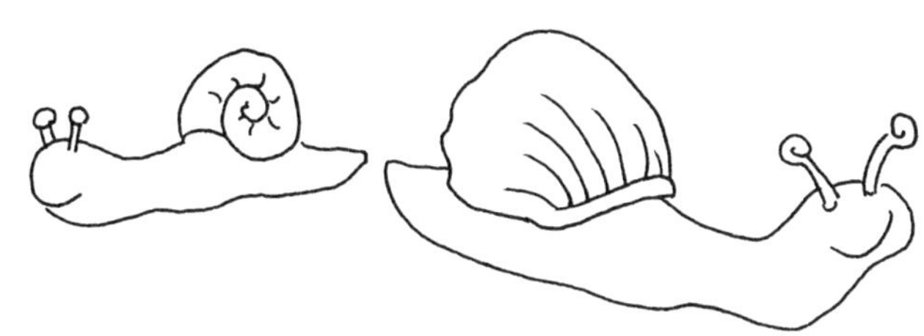

Urige Schalentiere für das Fensterbrett

Die getrocknete Masse, aber auch die Muscheln und Schneckenhäuser, können die Kinder nach dem Trocknen noch farbig bemalen. Das geht gut mit Acryl- oder Temperafarbe.

> *Tipp*
>
> **Auch die üblichen Kindergartenfarben sind zum Bemalen geeignet, eventuell muss man hier aber etwas Bastelleim oder Latexlack untermischen, um die Oberfläche haltbar und wasserfest zu machen.**

Natürlich sollten die Schnecken einen guten Platz bekommen, damit sie sich präsentieren können. Wie wäre es mit einem gestalteten Fenster samt Fensterbrett? Auf das Fensterbrett könnte man Moose, Erde, Rindenstücke, Steine usw. auslegen. Da hinein setzen die Kinder ihre Schnecken. Etwas blaue Plastikfolie kann als Wasserstelle für Schalentiere gestaltet werden. Das Fenster selbst erhält gemalte oder aufgeklebte Farne, große Blätter und vielleicht auch noch ein paar Dinosaurier. Ganz oben könnte noch ein Flugsaurier zu sehen sein. Nutzt man dafür ein Fenster, das zum Eingang oder zur Straße hinausgeht, ist diese Gestaltung eine praktische Form der Öffentlichkeitsarbeit.

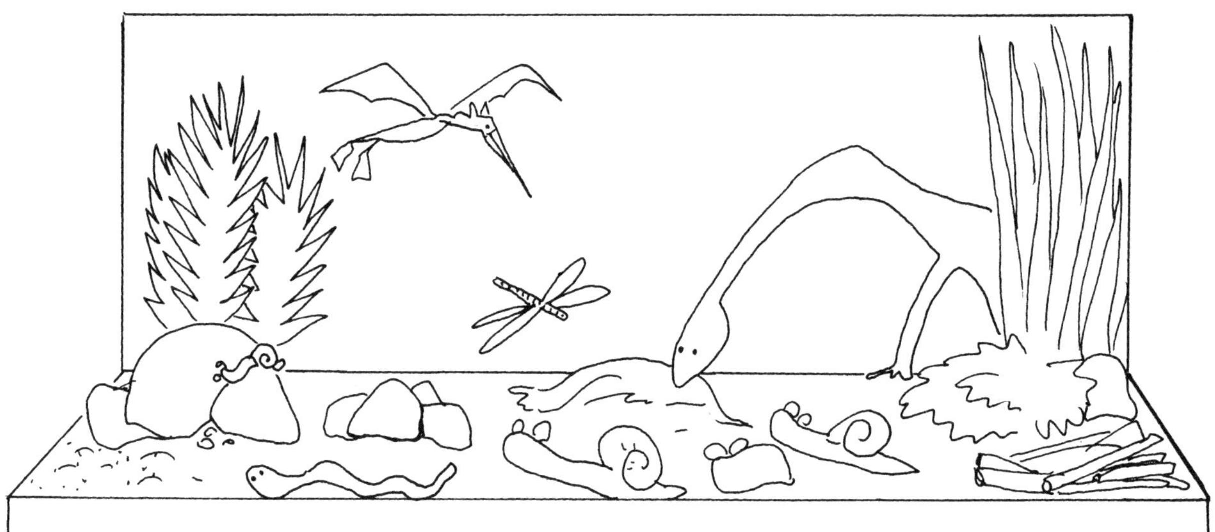

Dinowelt als Wandbild

Die Kinder haben sich bestenfalls schon eine Weile mit dem Thema Dinosaurier und Urzeit auseinandergesetzt. Sie haben die Artenvielfalt und die fantastische Schönheit der Pflanzen kennengelernt. Nun dürfen sie nach ihren eigenen Vorstellungen und aus der Erinnerung heraus eine Dinowelt kreieren. Natürlich dürfen sie auch Vorlagen benutzen, man sollte sie aber nicht dazu „verführen", denn eigentlich benötigen sie keine weiteren Bilder mehr, die haben sie nämlich bereits im Kopf.

Das können Sie gut gebrauchen

- als Modell: DIN-A4- bzw. DIN-A3-Papier, hellblaues Transparentpapier
- Tapeten oder andere Papierbahnen
- Acryl- oder Temperafarben
- Holz-Buntstifte
- wasserfeste Filzstifte

- verschiedene Pinsel
- Schere
- Kleber

Tipps und Hinweise zur Vorbereitung

An einem großen Wandbild können die Kinder ihre Fantasie und Kreativität einmal richtig ausleben. Je mehr Platz zur Verfügung steht, desto besser. An die Wand, sofern sie nicht direkt bemalt oder beklebt werden soll, heften Sie große Bahnen Papier. Sehr gut eignet sich dafür Tapete. Die Rückseite ist normalerweise weiß und gut bemalbar. Aber auch die Strukturseite kann reizvolle Effekte schaffen. Und praktischerweise bekommt man im Malerfachhandel alte Rollen, Einzelstücke oder Ladenhüter geschenkt!

Zunächst sollten die Kinder verstehen, dass sie von weit hinten nach vorne arbeiten müssen. Es ist sinnvoll, zuerst einen Hintergrund zu malen, damit alles weitere darauf abgebildet werden kann. Sie können den Kindern dies anhand eines Modells demonstrieren. Nehmen Sie ein DIN-A4-Papier, und schneiden Sie sich hellblaues Transparentpapier in derselben Größe zurecht. Nun schneiden Sie noch ein paar Pflanzen aus und einen oder zwei Dinos oder Echsen.

Dinowelt als Wandbild

Lassen Sie die Kinder, die später das Wandbild malen wollen, zusammenkommen. Nun stellen Sie ihnen den Weg zum Wandbild vor: „Was wollen wir alles auf unserem Bild haben?" Die Kinder werden aufzählen: Himmel, Pflanzen, Tiere und evtl. noch andere Kleinigkeiten. Sie legen jeweils ihr ausgeschnittenes farbiges Papier auf den Tisch. „Was malen wir zuerst? Den Dino?" Lassen sie das Kind, das zuerst einen Dino malen möchte, diesen auf das Papier legen. So fahren Sie fort, bis alles genannt wurde. Wie sieht das Bild nun aus? Der Hintergrund verdeckt vielleicht alles, was bisher gemalt wurde.

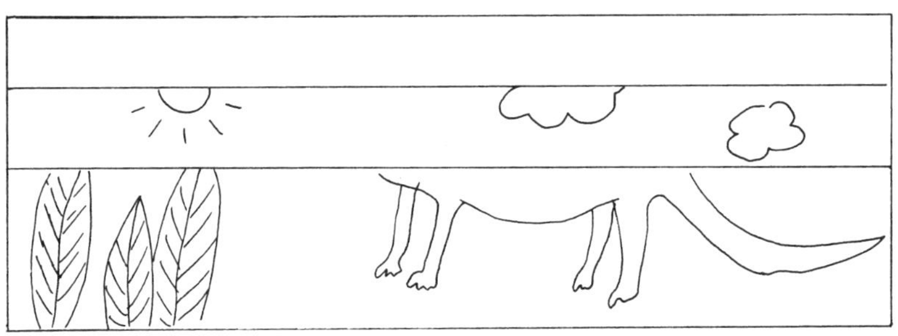

Tipp

Um diese „Mal-Regeln" noch zu vertiefen, könnte die Malgruppe zunächst ein kleines Bild, z.B. DIN A3, malen. Dort kann jedes Kind die Reihenfolge ausprobieren und lernen, in aufeinanderfolgenden „Schichten" oder Malebenen zu arbeiten.

So wird es gemacht

Nun sind die Kinder gut vorbereitet und können mit ihrer Wandmalerei starten. Zunächst gestalten sie den Hintergrund. Sie verwenden Farben, die pigmentreich, also intensiv in der Farbgebung sind. Am besten eignen sich Acryl- oder Temperafarben. Großflächig malen können sie gut mit großen Pinseln.

Tipp

Achten Sie auf gute Qualität der Pinsel, damit die Kinder auch Freude am Malen haben. Ein guter Pinsel franst nicht gleich aus und verliert auch keine Haare. Bieten Sie auch Pinsel mit langen Stielen an, damit die Kinder ausprobieren können, wie es sich anfühlt, damit zu malen.

Sind Himmel und Erde, oder was die Kinder sich als Hintergrund erdacht haben, getrocknet, kommen Pflanzen und schon einzelne Tiere auf das Wandbild. Die Kinder malen deckend über den Hintergrund. Wenn es ihnen lieber ist, können die Kinder Pflanzen, Tiere und andere Einzelheiten auch auf extra Papier malen, ausschneiden und aufkleben.
Zum Schluss können noch Details und Feinheiten gezeichnet werden. Dafür eignen sich Holz-Buntstifte oder auch wasserfeste Filzstifte (achten Sie auf lösungsmittelfreie Stifte).

Dinowelt als Wandbild

Tipp

Besonders interessant sieht das Bild aus, wenn viele Kinder nacheinander daran arbeiten und dabei immer wieder jemand anderes weitermalt oder -zeichnet. So wird das Wandbild bald zum „Wimmelbild".

Kinder ab etwa fünf Jahren haben oft schon ein enormes Wissen über ihr Lieblingsthema angesammelt. Nun, da sie sich mit den Dinosauriern beschäftigen, lernen sie noch einiges mehr dazu. Damit sie immer nachsehen können, was sie schon gelernt haben, ist es sinnvoll, ein eigenes Lexikon anzulegen. Das kann ein gemeinsames Lexikon für die Kindergarten-Gruppe sein.
Schöner aber ist es, wenn jedes Kind ein eigenes Lexikon gestaltet. Die Kinder üben damit gleich den Umgang mit Nachschlagewerken und verstehen, wie man Informationen aufbereiten kann, damit man diese später wiederfindet. Sie lernen, zu systematisieren und zu strukturieren, und so ist das Gestalten eines eigenen Lexikons auch ein gutes Mittel zur mathematischen Frühförderung.

Das können Sie gut gebrauchen

- Heft oder Blanko-Buch
- festes Tonpapier
- Prospekte oder Katalog zum Thema Dinosaurier und Urzeit
- getrocknete und gepresste Pflanzen wie z.B. Moose und Farne
- Stifte
- Kartoffelstempel

- Schere
- Kleber
- Computer zur Recherche
- Drucker
- Bücher zum Pflanzenpressen

So wird es gemacht

Das Lexikon besteht aus einem Heft, Blanko-Buch oder auch einem Leporello. Ein Leporello faltet man, indem man einen Streifen festes Papier vorsichtig und ordentlich abwechselnd in die eine und die andere Richtung knickt.

Die Kinder gestalten dann die einzelnen Seiten ihre Lexikon nach ihren eigenen Wünschen und Interessen. Hier ein paar Beispiele:

Auf eine Seite wird der Name des Tieres (selbst) geschrieben. Auf die nächste Seite zeichnen die Kinder das Tier oder sie schneiden es aus einem Prospekt oder Katalog aus und kleben es ein. Auch das gemeinsame Durchforsten von (Kinder-)Internet-seiten nach den gewünschten Motiven ist für die Kinder interes-sant. Wenn sie z.B. den Namen eines Dinos kennen, dürfen sie eine (Kinder-)Suchmaschine zur Recherche nutzen. Das Bild können sie dann ausdrucken und für das Lexikon ausschneiden.

Natürlich sollten auch Pflanzen im Lexikon ihren Platz finden. Hier überlegen die Kinder, welche Pflanzen es bis heute gibt, z.B. Moose und Farne. Die Kinder finden sie auch in ihrem nächsten Wald. Sie können solche Pflanzen auf einem gemeinsamen Waldspaziergang sammeln und nach dem Trocknen und Pressen einige Stücke davon in ihr Lexikon einkleben.

Wer mag, beschreibt noch besondere Einzelheiten der Tiere und Pflanzen. Zum Beispiel können die Kinder für ihre Dinos Symbole erfinden, die darstellen, ob das Tier ein Fleisch- oder Pflanzenfresser ist. Das Symbol malen sie neben das Tier, oder sie stempeln das Symbol dorthin, wenn sie vorher einen Stempel z.B. aus einer Kartoffel herstellen.

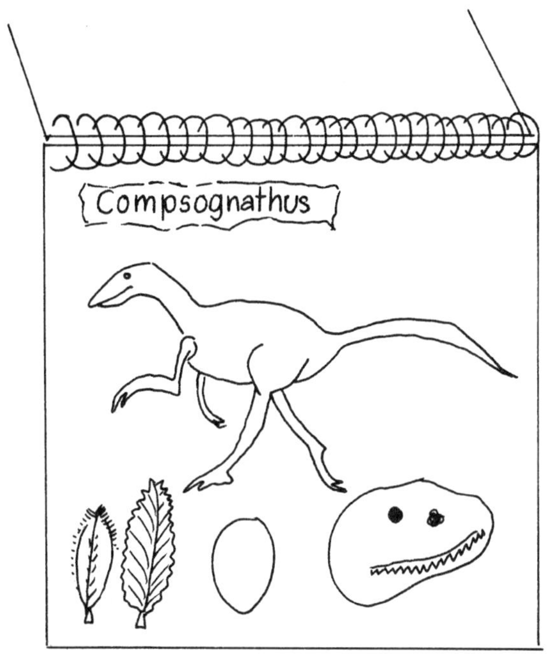

Haben Tiere z.B. besondere Zacken oder Krallen, können die Kinder diese auch in einer Art „Vergrößerung" darstellen. Sie malen unter oder neben ihren Dino noch einen vergrößerten Bildausschnitt von der Seite.

Wichtig bei diesem Projekt ist, immer im Gespräch zu bleiben und mit den Kindern auch darüber nachzudenken, in welcher Reihenfolge die Dinos und Pflanzen ins Buch gesetzt werden können. Mögliche Ordnungssysteme könnten sein: alphabetisch (für ältere Kinder), nach Größe, Farbe oder auch nach Fleischfressern und Pflanzenfressern.

Die Bücher sollten einen festen Platz in der Gruppe bekommen, sodass den Kindern die Lexika immer gut zugänglich sind. Vielleicht gibt es bald noch weitere Lexika zu anderen Themen, und eine kleine Wissensbibliothek entsteht.

Schuhkarton-Schaukasten

Die Welt der Dinosaurier können sich Kinder, nachdem sie einige Bilder gesehen und Geschichten gehört haben, meist gut vorstellen. In einem Mini-Schaukasten dürfen sie sie nun auch selbst darstellen. Dazu benötigt jedes Kind einen Schuhkarton.

Das können Sie gut gebrauchen

- Schuhkarton (im Schuhgeschäft nachfragen)
- Farben
- Sand
- Erde
- Gräser
- Kleister
- Papier
- Knete

- Kleber
- Pinsel

So wird es gemacht

Zunächst gestalten die Kinder den Hintergrund, z.B. mit Wasserfarben oder farbigen Papierschnipseln. Auf den Boden kleben sie mit Kleister Sand, Erde oder auch Papierschnipsel. Nun basteln die Kinder Pflanzen für ihren Schaukasten. Aus braunem, gerollten Papier entstehen Baumstämme oder Palmenstämme. Daran kleben die Kinder aus verschiedenen Grüntönen Blätter. Die Bäume kleben sie auf den Boden oder an den Hintergrund. Pflanzen wie Farne und Gräser schneiden sie aus Papier aus, oder sie verwenden sogar (zusätzlich) echte Gräser.

Dinos lassen sich leicht aus Papier oder Knetmasse herstellen. Die Kinder können sie aber auch auf Papier aufmalen und auf Tonpapier oder Pappe kleben und dann ausschneiden. Dann benötigen die Figuren aber auch noch ein Stück Pappe als Ständer.

Knetmasse, z.B. Maisstärkemasse oder Salzteig (siehe Rezeptseite), sollte nach dem Trocknen aushärten, damit die Kinder mit den Figuren auch spielen können. Um kleine Dinos für den Schuhkarton-Schaukasten anzufertigen, brauchen die Kinder viel Fingerspitzengefühl. Zahnstocher oder Spatel aus Kunststoff-Eislöffeln helfen, kleine Details auszuarbeiten.

Tipp

Ein großes Fensterbrett, z.B. im Flur, eignet sich dafür, einen richtigen Schaukasten anzubringen. Dafür muss man zunächst einen Kasten aus Holz bauen und mit einer Türklappe versehen. Von außen sieht man dann durch das Fenster in den Kasten hinein. Hier können die Kinder nun gemeinsam Themen ausstellen, die sie interessieren.

6+

Ausgrabungen und Fossilien

Das können Sie gut gebrauchen

- Muscheln oder ähnliche Fossilienimitate
- Sand
- Gips
- flüssiger Kleister
- evtl. feines Sägemehl oder Erde
- Dispersionsfarbe (Farbe nach Wunsch, z.B. ocker, hellbraun, hellrot)
- Knete
- Wachs
- evtl. etwas Vaseline

- Jogurtbecher oder kleine Tetrapacks
- Schale oder Schalendeckel
- Hammer
- evtl. Meißel oder einen großen abgestumpften Nagel
- Pinsel
- Maltischdecke oder Zeitungspapier zum Unterlegen

> *Tipp*
>
> **Solche „Fossilien" zum Selbstausgraben sind auch wunderbare kleine Geschenke für die Kinder.**

So wird es gemacht

Damit die Kinder ihre eigenen Ausgrabungsversuche machen können, schließen Sie ihnen „Fossilien", z.B. Muscheln, in eine Masse ein. Dafür rühren sie drei Teile Sand, einen Teil Gips, einen Teil flüssigen Kleister und, je nach Wunsch, etwas Farbe zusammen. Der Kleister bewirkt, dass der Sand nicht mehr so stark bröselt. Sie können auch noch feines Sägemehl oder Erde mit einrühren, um eine interessantere Struktur zu bekommen. Probieren Sie einfach etwas herum.

Füllen Sie die Masse nun in Jogurtbecher oder, noch praktischer, in Tetrapacks. Die Tetrapacks kann man später sehr einfach entfernen. Bevor die Masse trocknet, dürfen Sie nicht vergessen, die Muschel hineinzulegen. Die Masse muss mindestens über Nacht trocknen.

Zum „Ausgraben" der Schätze benötigt jedes Kind einen kleinen Hammer, evtl. auch noch einen Meißel oder einen großen, abgestumpften Nagel. Ein Pinsel ist sinnvoll, um feinen Staub vorsichtig zu entfernen. Da die Ausgrabungsarbeit ziemlich bröselt und staubt, sollten die Kinder dies am besten draußen tun und sich, der Umwelt zuliebe, trotzdem noch eine Maltischdecke oder Zeitung unterlegen.

Variante

Sicher macht es jedem Kind Spaß, selbst eine Masse anzurühren, in denen es Fossilien für ein anderes Kind einschließen kann. Die Kinder könnten ihre „Ausgrabungsstätten" dann später untereinander tauschen.

Es gibt auch noch eine andere Möglichkeit, wie die Kinder sich selbst Fossilien herstellen können: Dazu müssen sie den Boden einer Schale oder eines Schachteldeckels etwa 1 cm hoch mit Knetmasse oder Wachs auffüllen und gut glätten. Das wertvolle Fundstück wird darauf gelegt und leicht angedrückt. Sehr trockene Teile sollten etwas mit Vaseline eingefettet werden. Nun gießen die Kinder Gips darüber und warten, bis der Gips trocken ist. Wenn sie zwischendurch etwas gegen den Behälter klopfen, können Luftblasen entweichen. Ist der Gips trocken, nehmen sie ihn von der Knete ab und entfernen das Fundstück. Der Abdruck ist fertig und kann noch bemalt werden – vielleicht mit selbstgemachter Erdfarbe, die dem Gips das Aussehen eines echten alten Fossils gibt.

Urzeit-Mobile

Für ein Mobile aus Urzeitwesen eignen sich kleine und große Wattekugeln, Watteeier, Styroporkugeln und -eier, aber auch Holzkugeln oder Eierschachteln gleichermaßen gut.

Das können Sie gut gebrauchen

- Styropor- oder Wattekugeln
- Styropor-Eier
- Holzkugeln
- Eierschachteln
- Tonpapier für Flügel und Schnabel
- Pfeifenputzer
- Schnur
- (lufthärtende) Knetmasse
- Pappmaschee
- Farben
- Federn
- Glitzerpulver

- Cuttermesser
- Kleber
- Pinsel
- Nadel

So wird es gemacht

Dinobaby

Ein Dinobaby, das aus einem Ei guckt, entsteht, wenn man ein Styropor- oder Watte-Ei in der Mitte zickzackartig durchschneidet. Auf eine abgeschnittene Eierhälfte können die Kinder nun eine kleine Kugel für den Dinokopf kleben.
Vor dem Ankleben fädelt man am besten schon eine Schnur durch den Kopf, die später zum Aufhängen am Mobile dient.
Aus Pfeifenputzern, (lufthärtender) Knetmasse oder Pappmaschee kleben die Kinder dann noch Details wie Hörner oder auch die „Pranken" an, die vorne auf dem Ei zu sehen sein sollten.
Zum Schluss bemalen die Kinder ihr Dinobaby noch nach Wunsch.

Flugsaurier

Ein Flugsaurier bekommt ein Ei als Körperform. Daran kleben die Kinder Papierflügel und ein Kopf aus einer Kugel. Um den Körper besser zu stabilisieren, kann auch ein Draht durch Körper und Kopfkugel gezogen werden. Schafft man es, eine etwas größere Öffnung zu bohren, passt auch ein Pfeifenputzer durch, der gleich als Hals und Schwanz dient.
Auch der Flugsaurier benötigt noch eine farbige „Haut" und natürlich ein schmuckes „Outfit" aus Federn oder Glitzerpulver.

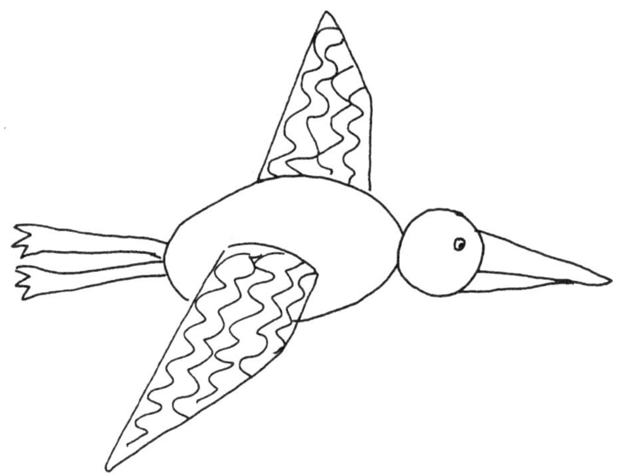

Für den Schnabel basteln die Kinder aus Papier kleine Dreiecke, falten sie zu einer Art Tüte zusammen und kleben sie an.

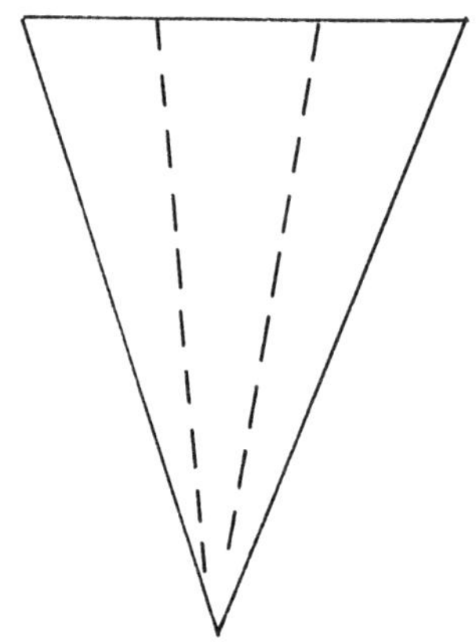

Tipp

Zum Aufhängen muss man den Saurier erst ausbalancieren, bevor man die Schnur anbringen kann. Am besten lässt sich die Schnur befestigen, wenn man mithilfe einer Nadel durch den Eierkörper sticht und die Schnur durchzieht.

Dino-Laternen

Das können Sie gut gebrauchen

- Tonpapier
- Transparentpapier
- runde Schachteln (z.B. Käseschachteln)
- Kerzenhalter
- Kerzen
- Stifte und Farben
- Vaseline zum Papier-Einfetten

- Dino-Bilder
- Bleistift zum Vorzeichnen
- evtl. Computer mit Scanner
- Schere
- Cuttermesser
- Kleber
- Wäscheklammern

So wird es gemacht

Einfache Laternen lassen sich aus Tonpapier und Transparentpapier basteln. Dazu müssen Sie zunächst eine geeignete Dino-Schablone anfertigen. Am besten sehen Sie sich Bilder von Dinos an und stilisieren die Grundform des Tieres. Oder Sie scannen diese Vorlage und vergrößern sie am PC oder Kopierer. Auch die Kinder haben oft schon eine sichere Hand im Zeichnen von Dino-Vorlagen. Probieren Sie es aus!

Die Kinder zeichnen den Dino mithilfe der Vorlage zweimal auf und schneiden ihn zweimal aus. Nach Wunsch bemalen sie ihn dann. Damit die Laterne später auch leuchten kann, bekommt der Dino aber noch Ausschnitte, die mit Transparentpapier hinterklebt werden. Alternativ können die Kinder das Papier an den Ausschnittstellen auch einfetten, so scheint das Licht auch durch.

Dino-Laternen

Runde Schachteln dienen als Boden. Auf dem Schachtelboden müssen die Kinder auch die Kerzenhalter (im Fachhandel erhältlich) anbringen. Dafür schneiden sie einfach zwei kleine Schlitze in den Schachtelboden und stecken die Halter durch.

Die beiden Dinos kleben die Kinder jetzt einfach seitlich an die Schachtel, lassen die beiden Körper um die Schachteln laufen und kleben sie aneinander fest, sodass sie die Schachtel an der Vorder- und Hinterseite umschließen.

Tipp

Um eine bessere Klebefixierung zu gewährleisten, können für ein paar Minuten Wäscheklammern an die Klebestellen geklemmt werden, bis die Dinos von alleine aneinander haften bleiben.

Diese Dino-Silhouette können Sie als Vorlage für die Dino-Laterne benutzen:

Urzeit-Spiel

Ein Brettspiel selbst herzustellen, ist für Kinder eine spannende Angelegenheit. Hier können sie ihre Vorlieben ausleben und Möglichkeiten ausprobieren. Auch erkennen sie dadurch den Hintergrund und die Entwicklungswege solcher Spiele.

Das können Sie gut gebrauchen

- feste Pappe oder Sperrholzbrett als Spielbrett
- Stifte
- Dispersionsfarbe (Wandfarbe) und Acrylfarben
- Klarlack
- Scharniere
- starkes Gewebeklebeband oder Lederstreifen
- ein paar Blätter Papier
- Kartoffelstempel oder Radiergummistempel
- Würfel mit Augen
- Würfelvorlage
- Dinosaurierfiguren aus Kunststoff, Salzteig oder Maisstärkeknete

- Cuttermesser
- Säge
- Tacker
- Schere
- Kleber
- Holzleim, Sprüh-oder Alleskleber
- PC-Drucker oder Kopierer
- Stapel Bücher zum Beschweren

Tipps und Hinweise zur Vorbereitung

Zunächst müssen sich die Kinder entscheiden, um was es in ihrem Spiel gehen soll. Am einfachsten ist ein Würfelspiel, das den Spielfiguren einen Weg vorgibt, den sie ablaufen müssen. Dieser Weg kann mit Hindernissen bestückt sein. So macht sich z.B. ein Dino auf eine Reise durch seine Welt, um neue Freunde, einen besonderen Futterplatz oder auch seine Eltern zu finden. Unterwegs trifft er auf verschiedene Tierarten, die ihn unterstützen oder sich ihm in den Weg stellen.

Es kann auch einen Gegner für alle geben, z.B. einen Tyrannosaurus Rex. Dafür können die Kinder auf einem Würfel eine Seite besonders markieren oder sogar einen solchen Dino auf ihren Würfel aufmalen oder aufkleben. Würfelt ein Mitspieler diese Seite, muss er den Tyrannosaurus Rex ein Feld weiterziehen. Dieser „frisst" den Mitspieler, der ggf. auf diesem Feld steht. Die Kinder sollten vorher absprechen, wie viele Schritte der Tyrannosaurus gehen darf.

Spannend wird es besonders dann, wenn man mit zwei Würfeln spielt. Einer dieser Würfel ist ein ganz normaler Würfel mit Augen von 1 bis 6. Dieser gibt an, wie viele Felder ein Spieler weiterziehen darf. Der andere Würfel hat farbige Markierungen oder Symbole für die jeweiligen Spielfiguren. Da nicht immer fünf Spieler (und ein Rex) mitspielen, empfiehlt es sich, für alle Spieler drei Symbole anzubringen, wie z.B. drei Dinos oder nur Dinoöpfe. Zusätzlich gibt es eine Seite für den Rex, und die beiden übrigen

Seiten werden Ereignis-Seiten. Wer diese würfelt, nimmt eine Karte, auf der bestimmte Aufgaben stehen.
Oder es gibt ein grünes Feld „+2" und ein rotes Feld „-2".
Wer das grüne Feld würfelt, darf dann zwei Schritte weitergehen, wer das rote Feld würfelt, muss hingegen zwei Schritte zurückgehen (siehe Würfelvorlage).
Regeln zu erfinden, ist ganz einfach. Am besten probieren die Kinder einmal ein paar Varianten mit einem einfachen Mensch-ärgere-dich-nicht-Spiel aus, bevor sie ihr eigenes Spielfeld herstellen. Außerdem können sie auch andere Spiele, die sie gerne spielen, als Inspiration heranziehen. Sollte das Spiel für jüngere Kinder sein, entscheiden Sie einfach, welches Spiel die Kinder bisher gerne spielen, und adaptieren es auf ihr eigenes Spiel.

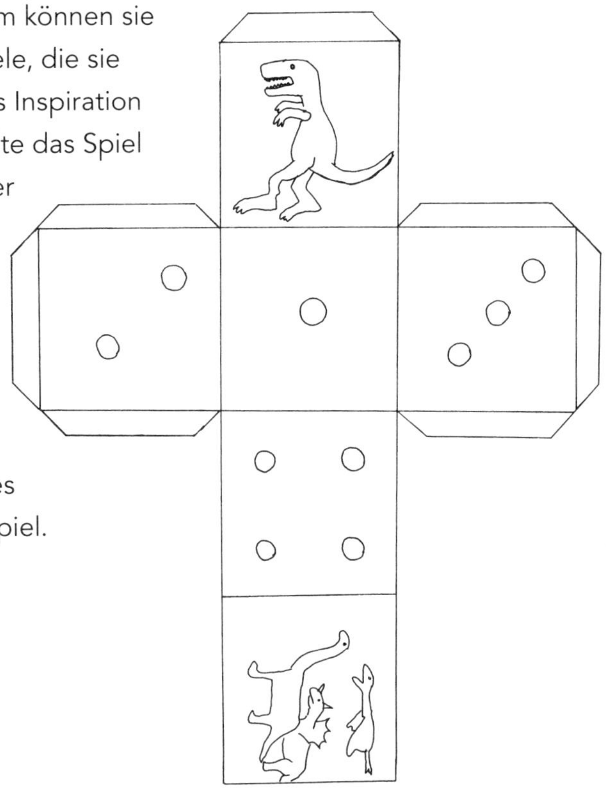

So wird es gemacht

Das Spielfeld anfertigen

Das Spielfeld fertigen die Kinder aus fester Pappe oder Sperrholz an. Wenn es später zum Aufräumen geknickt werden soll, müssen die Kinder die Rückseite der Pappe mit einem scharfen Messer (Cuttermesser) etwa bis zu zwei Dritteln tief einschneiden. Verwenden die Kinder eine Sperrholzplatte als Spielbrett, müssen sie diese zunächst in der Mitte in zwei Hälften zersägen und die beiden Hälften dann mit zwei Scharnieren oder einem starken Gewebeklebeband verbinden. Auf dickere Holzplatten können Sie auch einen Streifen Leder auftackern.

Damit sich das Spielfeld nicht verzieht, sollten die Kinder es von beiden Seiten bemalen oder bekleben. Am besten grundieren Sie beide Seiten zunächst mit einer einfachen Dispersionsfarbe (Abtönfarbe). Praktisch ist es, auf die Rückseite die Regeln aufzukleben. Dafür müssen sie wasserfest ausgedruckt oder kopiert worden sein. Der Kleber (Holzleim, Sprüh- oder Alleskleber) sollte gut verteilt werden, sodass sich keine Luftblasen unter der Spielanleitung bilden. Am besten legen Sie das Spielfeld nun erst einmal für eine Nacht unter einen schweren Stapel Bücher.

Urzeit-Spiel

Das Spielfeld gestalten

Das Spielfeld können die Kinder nun entsprechend ihrer Spielkonzeption bemalen oder bekleben. Dazu sollten sie vorher einen Entwurf auf Papier machen, damit sie wissen, wo was auf dem Feld platziert werden soll. Malen die Kinder mit Dispersions- oder Acrylfarben, sind diese nach dem Trocknen bereits wasserfest. Idealerweise wird aber das gesamte Spiel, vorne und hinten, noch mit Klarlack (gibt es auf Wasserbasis) überzogen.

Die einzelnen Spielfelder, auf denen die Figuren gehen sollen, können einfach Kreise, aber auch Dinosaurier-Spuren sein. Dafür ist es praktisch, sich einen Stempel herzustellen. Aus einer Kartoffel oder auch aus einem alten Radiergummi schneiden Sie oder ein geschicktes Kind die Form aus und stempeln nun schön gleichmäßig in einer Richtung die Spuren auf.

Die Landschaft sollte vielfältig sein. Die Kinder können hier zeigen, was sie schon alles von der Dino-Welt wissen. Es kann Höhlen geben und riesige Pflanzen, Wasserfälle und reißende Flüsse, aber auch stinkende Tümpel und tiefe Gräben. Viele Tiere können hier aufgemalt werden, von Spinnenarten über Schlangen bis hin zu Krebsarten.

Die Spielfiguren herstellen

Als Spielfiguren eignen sich kleine Dinosaurier aus Kunststoff oder selbstgemachte Figuren aus Salzteig oder Maisstärkeknete. Die Kinder müssen beim Formen darauf achten, dass die Figuren gut stehen und die Größe dem Spielfeld entspricht.

Saurier-Marionette

Wie für alles Selbstgemachte kann auch für die Saurier-Marionette verschiedenstes Material verwendet werden. Wichtig ist dabei nur, dass die Füße nicht zu leicht sind, damit sie gut „laufen“. In diesem Beispiel finden Sie eine Anleitung für eine Marionette aus Eierschachteln. Wenn Sie rechtzeitig vorher die Eltern bitten, leere Schachteln zu sammeln, werden Sie sehen, dass es sehr viele verschiedene Schachtelformen gibt. Diese können die Kinder für ihre Basteleien nutzen.

Das können Sie gut gebrauchen

- Eierschachteln
- Tonpapierstreifen
- weißes Tonpapier
- feste Pappe bzw. Pappstücke
- Faden: Bindfaden oder Wollfaden
- Stoffband
- Schnur: Zwirn oder Nylonschnur
- Pfeifenputzer
- Papierschnipsel und Holzspäne
- Sand, Körner, Federn, Sisalschnur
- Holzperlen
- Äste oder dünne Leisten

- Schere
- Klebeband
- Kleber
- Holzleim
- Klammer oder Zwinge zum Fixieren

So wird es gemacht

Als Körper dient eine geschlossene Schachtel. Darauf kleben die Kinder noch von einer anderen Schachtel das Innenteil mit den Zacken verkehrtherum auf.

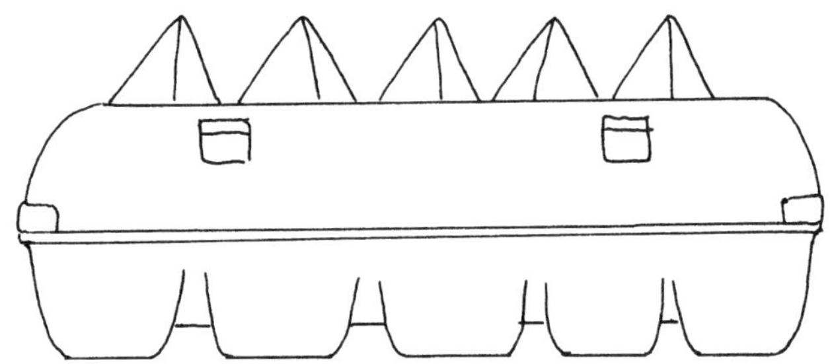

Als Schwanz schneiden die Kinder Zacken aus, kleben sie auf einen Streifen Papier oder verbinden sie mit einem Faden oder mit Pfeifenputzern.

6+

Saurier-Marionette

Der Kopf besteht aus zwei Hälften eines Schachteldeckels. Zähne können die Kinder noch an die Innenseite der oberen Schachtelhälfte kleben. Sie werden aus einfachem weißen Tonpapier ausgeschnitten. Die beiden Kopfhälften verbinden die Kinder entweder mit einem Papierstreifen und Klebeband oder mit einem Pfeifenputzer miteinander.

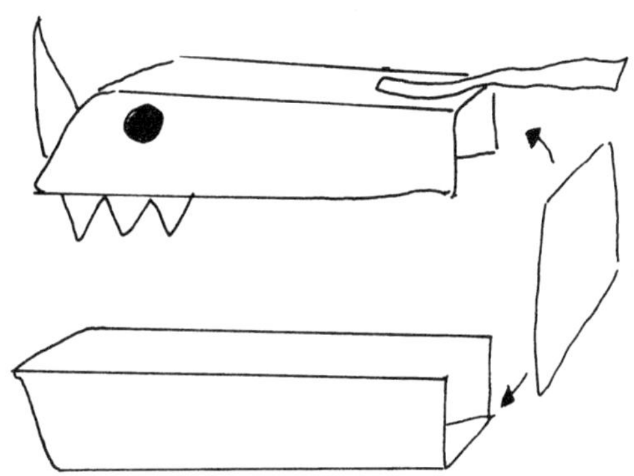

Den Kopf befestigen die Kinder am besten mit einem Faden oder einem Stoffband am Körper ihrer Saurier-Marionette, so bleibt er sehr beweglich. Für jüngere Kinder ist es einfacher (auch später zum Spielen), wenn die Teile mit einem Pfeifenputzer verbunden werden. Dazu muss nur jeweils ein Loch mit der Schere gebohrt und der Pfeifenputzer hindurch gesteckt werden. Auf der Rückseite kann man ihn einfach umbiegen, und er hält recht gut.

Nun wird die Saurier-Marionette noch bemalt. Wenn die Kinder schon ein gutes Vorstellungsvermögen besitzen, können sie ihren Dino auch vor dem Zusammenbauen bemalen. Besonders interessant sehen die Marionetten aus, wenn auf die noch flüssige Farbe kleine Papier- oder Holzschnipsel, Sand oder Körner als „Schuppen" gestreut werden. Nach dem Trocknen der Farbe kleben diese dann fest. Auch Federn oder winzige Stücke von grober Sisalschnur geben einen guten Effekt.

Arme und Beine werden ebenfalls aus Teilen der Eierschachteln nach Wunsch zusammengesetzt oder -geklebt. Lustig sieht es z.B. aus, wenn lauter „Pyramiden", also die Spitzen im Schachtelinneren, übereinander gefädelt werden. Dafür ziehen die Kinder einen Faden immer durch die Mitte der Spitzen. Damit sie nicht wegrutschen, können sie vorher jeweils eine Holzperle auffädeln. Wer lieber mit Pfeifenputzern arbeitet, macht eine „Kurve" hinein, bevor er die nächste Pyramide aufsetzt.

Füße und Hände bestehen aus Stücken der Eierschachteln. Bei den Händen, die ja meist eher in der Luft sein werden, können die Kinder auch aus Pappstücken Krallen ausschneiden und an eine „Pyramide" kleben. Die Füße benötigen aber etwas mehr Fläche und Gewicht, damit die Marionette später auch so herrlich tapsig laufen kann. Dafür können die Kinder gut ein sehr festes Stück Pappe benutzen und daraus eine Grundform für die Füße ausschneiden. Daran kleben sie Krallen an und setzen dann z.B. eine quer abgeschnittene Zacke aus der Eierschachtel darauf. Achtung: Vor dem Zusammenkleben dürfen die Kinder natürlich nicht vergessen, den Faden oder Pfeifenputzer durchzufädeln!

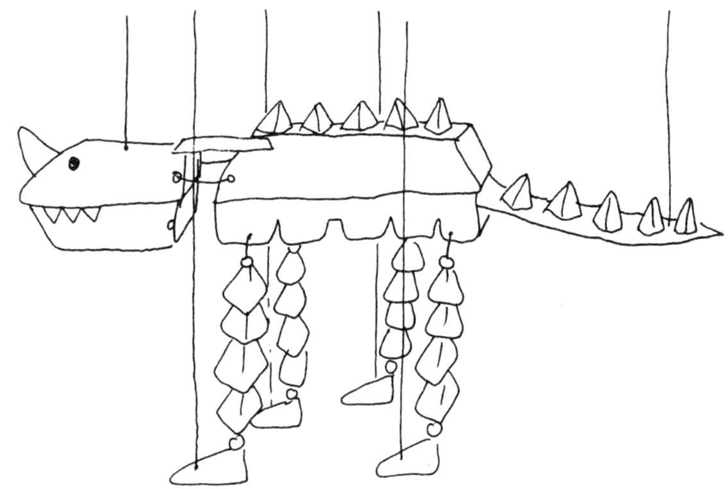

Die Beine mitsamt den Füßen knoten oder stecken die Kinder schließlich mit einem Faden oder einem Pfeifenputzer an den Dino-Körper.

Um die Marionette zu bewegen, knoten die Kinder an den Körper, an den Kopf, ans Schwanzende (etwa letztes Drittel) und an die Füße je eine Schnur. Gut eignet sich fester Zwirn oder auch Nylonschnur. Diese Schnüre verbinden sie mit einem Kreuz. Das Kreuz stellen die Kinder aus einfachen Ästen oder aber dünnen Leisten (Baumarkt) her. Dafür müssen sie die einzelnen Teile gut verbinden. Leisten klebt man am besten mit Holzleim und presst die Klebestellen für eine Stunde mit einer Klammer oder Zwinge zusammen. Stöckchen können mit Bindfaden fest verschnürt werden.

Dino-Tischset

Ein Tischset nutzen die Kinder in vielen Kitas und Krippen statt der üblichen (Kunststoff-) Tischdecken. Sie halten so ihren Platz selbstständig sauber und übernehmen damit Verantwortung.

Das können Sie gut gebrauchen

- festes Tonpapier
- gepresste Blätter
- Farne und Blüten
- Wasserfarben
- ein paar Blätter Papier
- bunte Stifte

- Alleskleber
- Scheren
- alte Zahnbürste
- Laminierfolie und Laminiergerät

So wird es gemacht

Als Basis für das Tischset eignet sich etwas stärkeres Papier oder Tonpapier. Es sollte auch auf der Rückseite ordentlich aussehen. Eventuell gestalten die Kinder auch diese Seite mit einem Muster oder Ähnlichem. Auf jeden Fall sollte hier der Name des Kindes stehen. Zur Erinnerung für später ist es sinnvoll, auch das Datum mit aufzuschreiben.

Die Kinder legen nun zunächst ihre Materialien, wie gepresste Blätter, Farne und Blüten, auf und arrangieren ihr Bild nach Wunsch. Bevor sie beginnen, alles aufzukleben, müssen sie entscheiden, ob sie noch etwas malen wollen. So könnte z.B. der Hintergrund zunächst mit Wasserfarbe blau bemalt werden. Dinosaurier können die Kinder selbst aufmalen oder auch zunächst auf ein anderes Papier zeichnen, anmalen, ausschneiden und aufkleben. Nun ist es einfacher, die Tiere in die fantastische Urzeitwelt hineinzusetzen.

Erst, wenn alle Teile fertig gemalt und gebastelt sind, wird die Collage aufgeklebt. Wer mag, kann noch mit Farbe feine Spritzer über seinem Bild verteilen. Dafür etwas Wasserfarbe anrühren und mit einer Zahnbürste eintauchen. Nun mit dem Finger (von außen zu sich hin) darüber streichen. Die Farbe spritzt jetzt (hoffentlich) auf das Papier. Nachdem die Kunstwerke über Nacht getrocknet sind, werden sie laminiert. Wer kein eigenes Laminiergerät hat, kann das auch in vielen Copyshops machen lassen.

Weltraum

Die unendlichen Weiten unseres Universums sind für die meisten von uns faszinierend, gerade weil wir uns nicht recht vorstellen können, was oben über den Wolken alles ist. Nachts den Sternenhimmel anzusehen, ist nicht nur romantisch, es zeigt auch, wie klein wir Menschen auf unserem Erdenplaneten sind. Kinder wollen es genau wissen: Planeten sind Himmelskörper, die sich um eine Sonne bewegen. Aber auch um die Planeten bewegen sich Himmelskörper. Diese nennt man Monde. Unser Sonnensystem besteht aus neun Planeten: Merkur, Venus, Erde, Mars, Jupiter, Saturn, Uranus, Neptun, Pluto. Gerade solch ein fachlich schwieriges Thema wie der Weltraum setzt voraus, dass man sich als Erzieherin nicht scheut, Bücher zu besorgen und auch mit den Kindern gemeinsam im Internet zu recherchieren.
Je nach Alter der Kinder ist dann, angefangen von der fantasievollen, erfundenen „Raumwelt" bis hin zur fachlich stimmigen astronomischen Erforschung, alles möglich.

Was Sie auf Ihrer Reise in diese Zeit auch noch einplanen können

- Astronauten-Essen ausprobieren (selbst Essen verflüssigen und in Tüten packen)
- Lieder, Musik und Tänze
- Bewegungsspiele
- Weltraum-Fasching mit spacigen Kostümen
- Theaterstücke
- Besuch eines Planetariums oder der Astronomieabteilung eines Museums

Begehbare Rakete

Eine riesige, begehbare Rakete ist der Traum aller kleinen Astronauten. Um so eine große Rakete oder ein Raumschiff zu bauen, muss zunächst Platz geschaffen werden. Ideal ist ein Vorraum, ein Eingangsbereich oder Flur, der sonst eher wenig genutzt wird. Denn hier können sich die Kinder dann auch zurückziehen, und die Rakete kann länger stehen bleiben.

Das können Sie gut gebrauchen

- sehr große Kartons und andere Kisten
- dicke, lange Papprolle als Fernrohr
- weitere Papprollen, Kunststoffflaschen, Isolierrollen
- Farben zum Bemalen (Acrylfarben oder Dispersionsfarben)
- Stoffbahnen, Bettlaken, Papier oder Pappe als Außenverkleidung
- Kleisterpapier
- ein alter Auto-Kindersitz
- Fahrradhelme
- ausrangiertes Computerzubehör, wie z.B. Tastatur
- ein altes Radio
- Taschenspiegel
- Holzleiste

- Cuttermesser
- starker Kleber und Klebeband
- Meterstab
- Tacker
- Holzleim
- kleine Holzschrauben
- Vorbohrer

So wird es gemacht

Begonnen wird nun damit, großen (Innen-)Raum zu schaffen. Am besten besorgen Sie für die Kinder sehr große Kartons. Diese gibt es z.B. im örtlichen Elektrofachhandel. Darin werden Kühlschränke und andere Großgeräte transportiert. Je nach dem, wie viel Platz für die Rakete vorhanden ist und ob es evtl. doch ein Raumschiff statt bloß einer Rakete werden soll, benutzen Sie einen oder auch mehrere Kartons.

Mehrere Kartons verbinden die Kinder, indem sie je eine Seite aufschneiden bzw. aufklappen und die „Deckel" aneinanderkleben. Damit die Deckel besser halten, sollen sie etwas überlappen. Werden auch seitlich noch Pappteile, z.B. von einer anderen Kiste, angeklebt, entsteht weiterer Raum bzw. eine Art Tunnel. Für den Eingang schneiden die Kinder eine Tür. Diese kann, wie eine Luke, rund sein. Bleibt dabei ein Stück stehen, kann man die Tür auf- und zuklappen.
Auf diesen Raum können die Kinder nun weiter aufbauen. Dabei lassen sie ihrer Fantasie freien Lauf. Bauen sie eine Rakete, benötigen sie z.B. eine dicke, lange Papprolle (vom Teppichladen oder Stoffhandel), die sie als Fernrohr auf den Raum stellen.

6+

Um sie festzumachen, stecken sie die Rolle durch ein geschnittenes Loch in den Raum hinein. Das Rohr kann ruhig bis zum Boden hinuntergehen. Dann steht es gleich fest. Die Kinder bemalen den unteren Teil des Rohrs, z.B. mit Lichtern und Tasten, damit die Astronauten etwas zum Bedienen haben.

Die Rakete braucht jetzt noch etwas „Verkleidung". Eine Möglichkeit ist, große Stoffbahnen fest von der Spitze bis zum Boden zu spannen. Verwenden sie alte Bettlaken, dann können die Kinder mit einfachen Abtönfarben (Dispersion) aufmalen, wie sie sich ihre Rakete vorstellen.

Mit Papier oder Pappe verkleidet, erhält die Rakete eine festere Hülle. Auch dafür müssen die Kinder erst Maß nehmen, also mit dem Meterstab abmessen, wie lang und breit das Papier sein soll. Sie tackern es an oder benutzen Klebeband, um es zu befestigen. Laser, Luken, Radare und Düsen stellen die Kinder aus Kunststoffflaschen, Papprollen, Isolierrollen usw. her.

Wer eine dauerhaft stabile Rakete bauen will, bezieht das gesamte Werk aus Papier mit mehreren Schichten Kleisterpapier. Damit lassen sich auch gut Details ausarbeiten. Nach dem Trocknen wird die Rakete so fest, dass sie sicher auch wildem Spiel standhält.

Jetzt können die Kinder ihrer Rakete noch eine Innenausstattung geben. Dazu eignen sich alle möglichen ausrangierten Materialien und Gegenstände, die man in seinem Haushalt findet, z.B. ein alter Kindersitz, ein Fahrradhelm, eine alte Computertastatur, ein altes Radio etc.

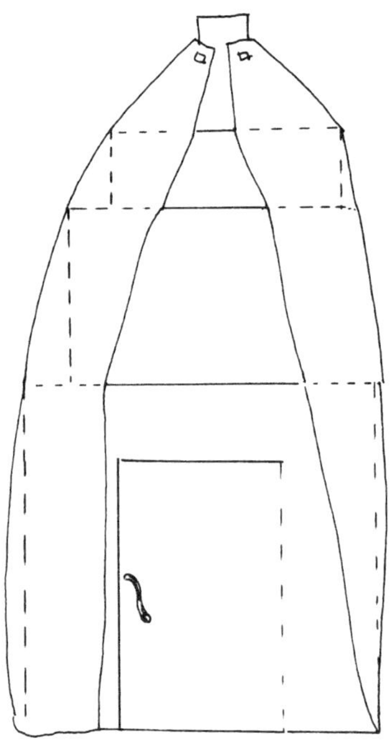

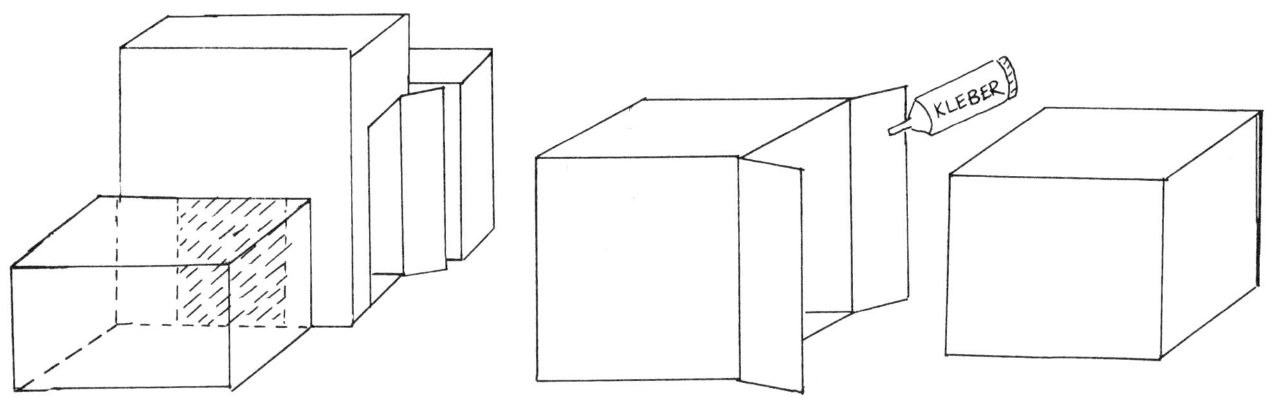

Ein Episkop für die Rakete

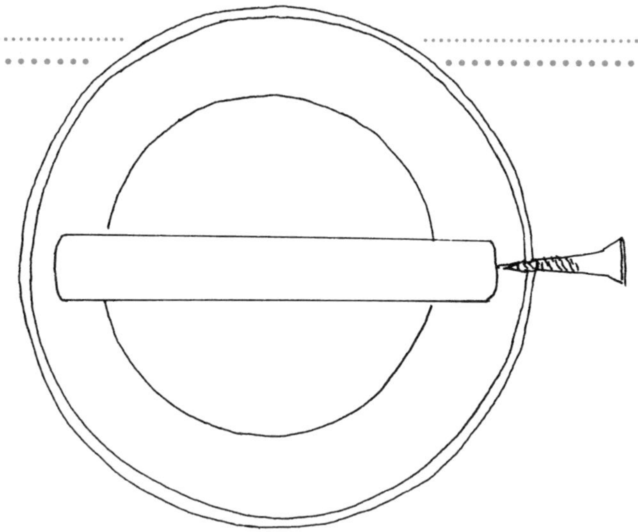

Das Rohr in der Rakete können die Kinder in ein Episkop verwandeln. Dafür schneiden sie vor dem Einschieben der langen Papprolle in Augenhöhe ein Loch mit etwa 3–4 cm Durchmesser hinein. Mit einem Cuttermesser lässt sich das Loch leicht vorstechen, indem immer wieder leicht hineingeschnitten wird, so lange, bis der Schnitt durchgeht und das Loch ausgeformt werden kann. Am oberen Ende der Rakete muss ein weiteres Loch mit etwa 5–6 cm Durchmesser auf der gegenüberliegenden Seite des ersten Loches angebracht werden.

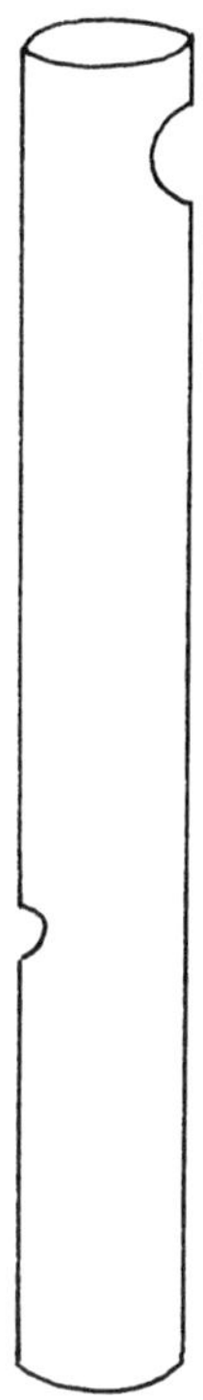

Um das Licht ins Rohr zu leiten, benötigen die Kinder zwei kleine (Taschen-)Spiegel. Auf die Spiegelrückseite leimen die Kinder eine kleine Holzleiste, deren Länge dem Durchmesser des Rohres, abzüglich ca. 5 mm auf beiden Seiten, entspricht.

Um die Spiegel im Rohr zu befestigen, braucht es etwas Geduld. Kann man nicht durch das Rohr hinfassen, muss notfalls das Loch vergrößert und später wieder verkleinert werden (durch ein aufgeklebtes Stück Pappe). Die Spiegel sollen direkt hinter den Löchern im Rohr angeschraubt werden. Dafür bringen die Kinder kleine Holzschrauben von außen nach innen so an, dass sie direkt in die Holzleiste auf dem Spiegel reichen. Leichter geht das, wenn vorher das Spiegelholz etwas angebohrt wurde. So trifft man nämlich besser dahin, wo man will.

Die Spiegel werden so gekippt, dass das Licht von außen auf den oberen Spiegel trifft und nach unten auf den anderen Spiegel gelenkt wird. Dieser wiederum lenkt es durch das untere Guckloch zum Auge.

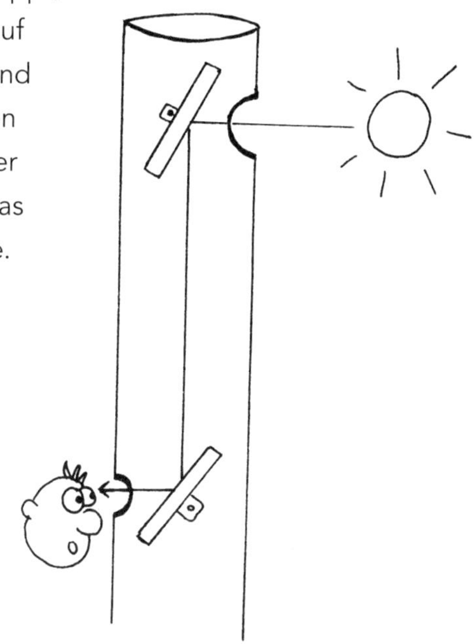

Fernrohr zum Sternengucken

Zum Sternegucken benötigen die Kinder ein riesiges Fernrohr. Ein reales, funktionstüchtiges herzustellen, ist aus finanziellen Gründen meist nicht möglich, selbst wenn technikbegeisterte und versierte Eltern helfen. Da lohnt es sich schon, eines auszuleihen oder im Sonderangebot eines Discounters zu erwerben. Die Kinder haben aber auch viel Spaß mit einem fantasievollen Nachbau.

Das können Sie gut gebrauchen

- verschiedene Papprollen mit unterschiedlichem Durchmesser
- eine Papprolle mit Deckel
- evtl. ein Stück schwarzes Tonpapier als Alternative zum Deckel
- evtl. Pappbögen
- Farben zum Bemalen
- Materialien zum Verzieren, z.B. Glitzersteine o.Ä.

- Schere
- evtl. Kleber
- Stecknadel

> *Achtung*
>
> **Achten Sie unbedingt darauf, dass die Kinder nicht direkt in die Sonne sehen!**

So wird es gemacht

Die Kinder schieben große Papprollen mit unterschiedlichem Durchmesser ineinander. Alternativ können sie aber auch solch ein Rohr selbst aus Pappe zusammenrollen.
Um auch tatsächlich Sterne zu sehen, können die Kinder vorne eine Scheibe oder einen Deckel aufsetzen, in den sie zuvor feine kleine Löcher gestochen haben. Hier scheint schließlich das Licht hindurch und suggeriert einen Sternenhimmel. Nehmen die Kinder diesen Deckel ab, können sie einfach so hinaus in die Welt sehen.
Wenn die Kinder keine Papprolle mit Deckel zur Verfügung haben, können sie auch einfach ein Stück schwarzes Tonpapier aufsetzen, in das sie dann mit einer Stecknadel feine Löcher stechen.
Wer Lust hat, kann sein Fernrohr natürlich auch noch bemalen und verzieren.

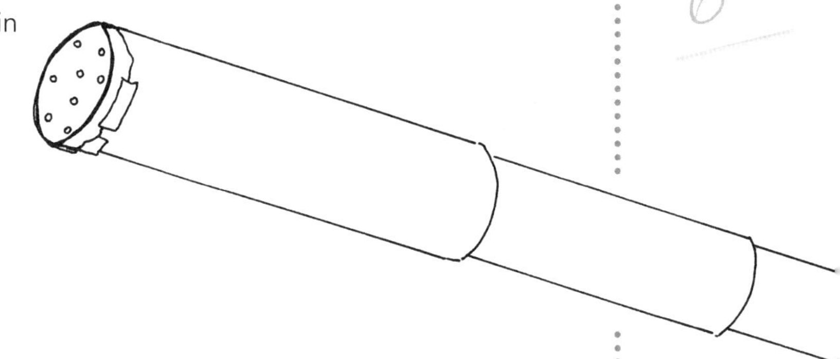

Roboter bauen

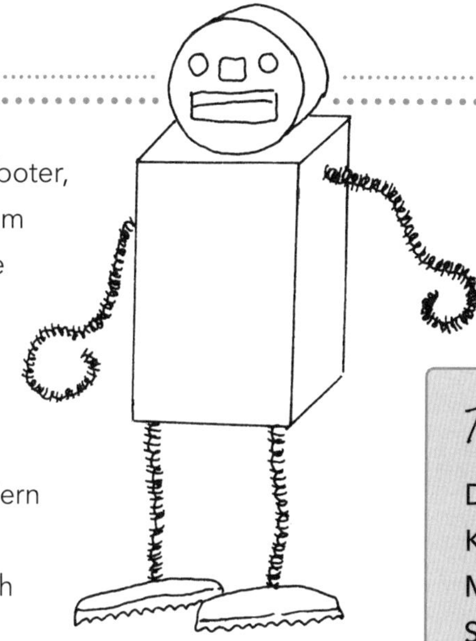

Roboter können die Kinder in jeglicher Größe bauen – vom winzigen Roboter, der z.B. mit seinen Kollegen an einem Ast als Mobile hängen darf, bis zum überlebensgroßen Roboter, der im Eingangsbereich auf das momentane Thema der Kindergruppe hinweist. Die Kinder haben meist schon wunderbare Ideen, wenn sie einiges Material zur Verfügung haben. Besprechen Sie mit ihnen das Thema, und führen Sie sie hin zu ihren eigenen Kreationen. Die Kinder sollten wissen, dass ein Roboter nicht einfach nur ein menschenähnliches oder -ersetzendes „Wesen" ist, sondern dass man auch Maschinen, die überhaupt nicht nach Mensch oder Tier aussehen, als Roboter bezeichnet. Der Begriff bezeichnet nämlich einfach nur die Maschine, die eigenständig arbeitet, ohne zugleich von einem Menschen bedient werden zu müssen.

> *Tipp*
>
> **Die Mini-Roboter der Kinder können Sie als Mobile aufhängen, oder Sie stellen sie in einem Schaukasten aus.**

Das können Sie gut gebrauchen

- Streichholzschachteln, Pappschachteln, Schuhkartons
- Isolierrohre
- Kronkorken, Teelichtbecher, Blechdosen, Plastikflaschen, Toilettenpapierrollen, altes Kühlschrankgitter und alles, was sonst so im Müll landet
- Pfeifenputzer oder Draht; graue Papierstreifen
- Blechdosen
- Plastikbecher und -flaschen
- Alufolie, Silberspray oder -farbe

- Heißkleber und Klebeband (vorzugweise grau)
- Nagel und Hammer
- Stecknadel

So wird es gemacht

▶ Mini-Roboter für ein Mobile

Für einen Mini-Roboter eignet sich z.B. eine Streichholzschachtel, die die Kinder mit Alufolie überziehen. Daran befestigen sie einen Kopf aus einem Kronkorken oder dem Becher eines Teelichts, indem sie den Kopf z.B. mit Heißkleber fixieren. Arme und Beine können ebenfalls aus Kronkorken bestehen. Diese werden mit einem Stück Draht, Pfeifenputzer oder ganz feinen Hexentreppen aus grauem Papier an der Schachtel befestigt.

Um Löcher in den Kronkorken zu bekommen, benutzen die Kinder einen Nagel und einen Hammer. Wer mag, kann auch alles aus Papier basteln und am Schluss mit Silberspray besprühen.

Spiel-Roboter

Roboter als Spielfiguren müssen recht stabil zusammengesetzt werden. Dafür ist Draht ein geeignetes Hilfsmittel oder auch Heißkleber. Demnach sollten die Kinder schon etwas erfahrenere Bastler sein. Alte Blechdosen, Plastikflaschen und anderes „wertloses" Material eignen sich für einen Spielroboter besonders gut. Auch aus Toilettenpapierrollen, die mit Klebeband oder Pfeifenputzern verbunden werden, können Kinder einen Roboter bauen.

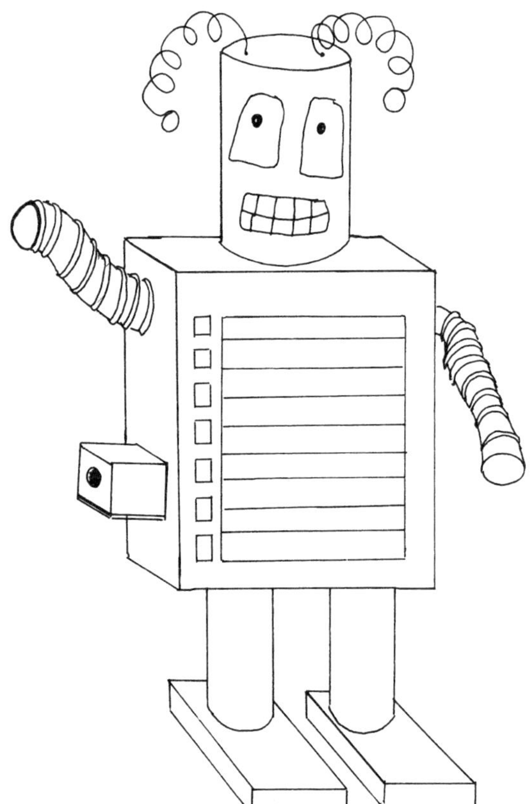

Riesen-Roboter

Für einen überlebensgroßen Riesen-Roboter müssen mehrere Kinder zusammenarbeiten. Zunächst brauchen sie eine Idee, wie das Werk später aussehen soll. Das heißt, sie skizzieren bzw. besprechen die Form und auch die mögliche Funktion ihres Roboters. Eventuell fertigen Sie eine Zeichnung an, falls die Kinder das nicht selbst können. Soll der Riesen-Roboter z.B. eher menschlich aussehen und gleichzeitig als „Wandzeitung" dienen oder eher tierähnlich anmuten und viele kleine Fächer haben, in denen die Kinder kleine Fundstücke oder anderes ausstellen oder aufbewahren können? Vielleicht soll der Roboter auch komplett abstrakt gestaltet werden, und die Kinder möchten ihn einfach von unten nach oben aufbauen und sehen, was dabei herauskommt.

Je nach vorherigen Überlegungen beginnen die Kinder also z.B. mit den Roboter-Füßen. Sie stellen vielleicht zwei große Blechdosen oder Papptonnen auf und befestigen mit Draht, Klebeband oder Heißkleber z.B. Isolierrohre als Beine.

Der Körper kann aus einer Pappschachtel bestehen, auf der die Kinder ein Gitter aus einem Kühlschrank anbringen, etwa mit Drahtschlingen oder Heißkleber. Soll der Roboter-Bauch gleichzeitig als Regalfach dienen, können die Kinder zwei große Schuhkartons so übereinanderkleben, dass die Öffnung vorne ist. An dieser Stelle hört die Beschreibung auf – lassen Sie die Kinder einfach ausprobieren!

Kleine Raketen und Raumschiffe

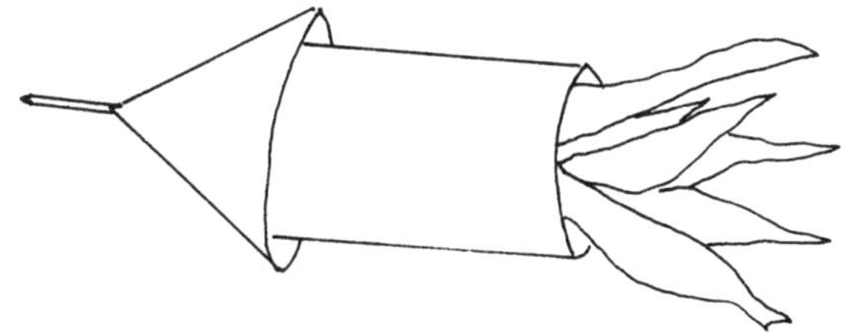

Eine kleine Rakete zum Spielen oder als Dekoration ist einfach hergestellt. Auch hier soll die Fantasie und Kreativität der Kinder im Vordergrund stehen, daher sollten keine Schablonen verwendet werden. Besser ist es, sich gemeinsam Bilder anzusehen und Geschichten von der Raumfahrt zu erzählen oder vorzulesen. Nun benötigen die Kinder geeignetes Material und können selbst herumprobieren.

Das können Sie gut gebrauchen

- Toilettenpapierrollen oder Küchenrollen
- farbiges Tonpapier
- Pappteller
- Schachteln
- Materialien wie Nähgarnspulen und Kronkorken
- Farben oder Silberspray
- Kreide und Filzstifte
- Zahnstocher

- Kleber
- Schere

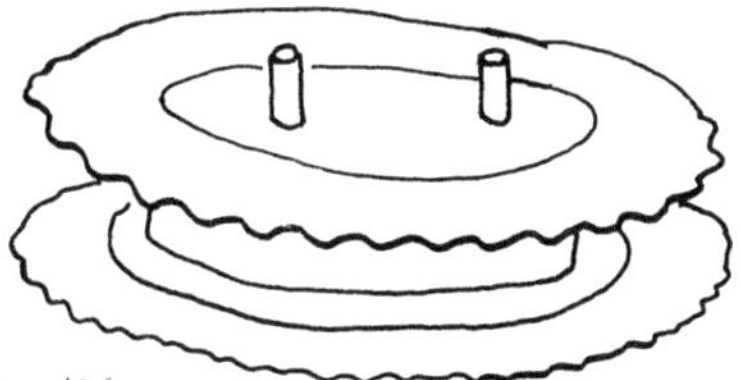

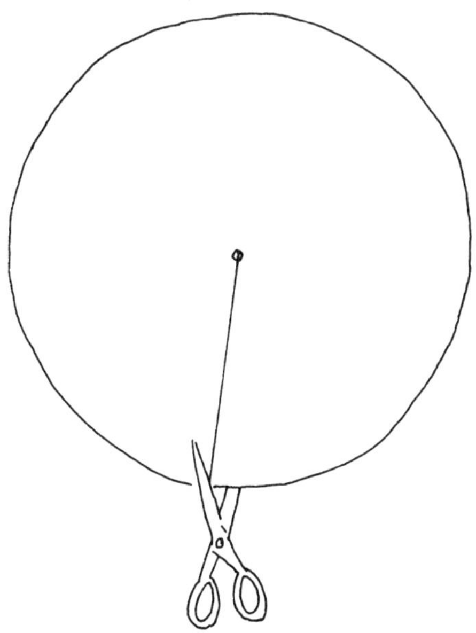

So wird es gemacht

Für ein Raumschiff können die Kinder z.B. zwei Pappteller aufeinanderkleben. Vielleicht stecken sie aber auch noch eine Käseschachtel oder Ähnliches zwischen die beiden Pappteller. Oben und unten können noch weitere kleine Schachteln oder Nähgarnspulen, Kronkorken oder anderes Material auf die Pappteller geklebt werden. Zum Schluss bekommt das Raumschiff noch Farbe. Wer es bunt mag, nimmt einfache Kinder-Malfarben. Natürlich kann das Raumschiff aber auch silberfarben besprüht werden. Ist es trocken, können die Kinder noch mit Kreide oder wasserfestem Filzstift Details aufmalen.

Aus Toilettenpapierrollen oder Rollen von Küchenpapier basteln die Kinder Raketen. Als Feuer kleben sie bunte Papierstreifen unten an die Innenseite. Für die Spitze schneiden sie einen Kreis aus Tonpapier aus und schneiden diesen bis zur Mitte ein.
Nun schieben sie die beiden offenen Seiten so lange ineinander, bis die Spitze auf die Rolle passt, kleben die Seiten fest und setzen die Spitze auf die Rakete. Einen Zahnstocher können die Kinder zum Schluss noch vorne durch das Loch in der Spitze schieben und ankleben.

Sternengucker-Kasten

Das können Sie gut gebrauchen

- Schuhkarton
- Farben
- Zeitungsbilder zum Thema Weltraum
- weißer und gelber Buntstift oder Ölkreide in den gleichen Farben
- Watte- oder Styroporkugeln
- Nähgarn
- Papierstücke, Streichhölzer oder Stoffstücke

- lange Nadel
- Cuttermesser
- Schere

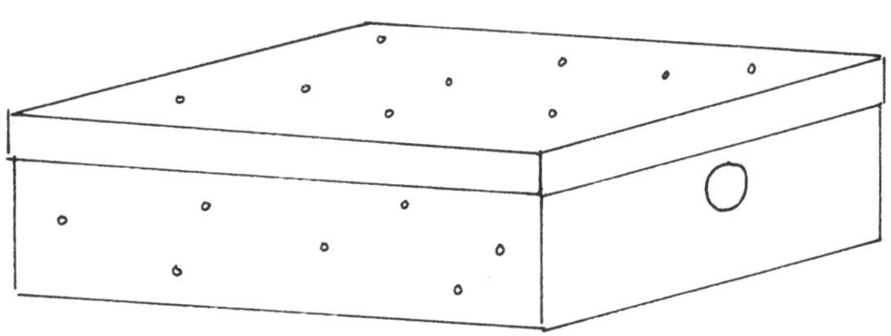

So wird es gemacht

Ein Schuhkarton wird zum Weltall! Zunächst bemalen die Kinder die Schachteln von außen und innen. Außen können sie sie natürlich nach Herzenslust gestalten. Hier eignet es sich auch, eine Collage aus Zeitungsbildern zum Thema Weltall anzufertigen. Innen muss die Schachtel schwarz bemalt werden. Vielleicht malen die Kinder den Schachtelboden so an, dass es wirkt, als sei dort die Erde oder der Mond zu sehen.

Auf den schwarzen Hintergrund setzen die Kinder kleine und große Sterne mit gelbem und weißem Buntstift oder gelber und weißer Ölkreide. In die Mitte dieser Sterne stechen sie mit einer Nadel, sodass von außen jeweils genau ein kleiner Lichtstrahl durch den Stern nach innen scheint.

Kleine Planeten gestalten die Kinder aus Watte- oder Styroporkugeln, die sie wie die jeweiligen Planeten bemalen. An diese Kugeln fädeln sie eine Schnur, ziehen diese auch durch den Schachteldeckel und knoten sie oben fest. Wenn das Anknoten nicht funktioniert, weil der Knoten durchrutscht, können die Kinder ein kleines Stück Papier, Streichholz oder Stoff als „Stopper" anknoten.

Ein Guckloch schneiden die Kinder mit dem Cuttermesser oder einer kleinen Schere auf eine der kleineren Schachtelwände. Nun kommt der Deckel fest auf die Schachtel, und die Kinder betrachten ihren Sternenhimmel durch das Guckloch der Schachtel.

Kaleidoskop

Ein Kaleidoskop ist eine Art Fernrohr. Sieht man hindurch, erscheinen je nachdem, wie es bestückt ist, bunte Kristalle, Sterne oder Punkte, die sich bei jeder leichten Bewegung des Fernrohres verändern. So ein Kaleidoskop kann als „Sternengucker" benutzt werden. Die Kinder sehen hindurch und spielen damit, sie würden in den Himmel schauen und die unendlichen Weiten des Weltraums betrachten.

Das können Sie gut gebrauchen

- fester Karton oder dicke Pappe
- Spiegelfolie
- transparente Folie, z.B. von Einschubhüllen oder Büchereinbandpapier
- Fotokarton
- Glitzersternchen o.Ä.
- (schwarzes) Tonpapier
- Stifte und Farben

- Cuttermesser oder Kartonschere
- spitze Schere
- Alleskleber
- Klebeband
- Schneideunterlage, z.B. aus Zeitungspapier
- Lineal

So wird es gemacht

Aus festem Karton oder dicker Pappe schneiden die Kinder mit dem Cuttermesser oder einer Kartonschere die drei langen Seiten des Fernglases (s. Skizze) aus. Die Spiegelfolie müssen sie so zuschneiden, dass die Folienfläche etwas größer ist als die drei Teile zusammen.

Nun ziehen die Kinder die Schutzfolie von der Spiegelfolie ab und legen sie mit der Klebefläche nach oben auf den Tisch. Die drei Pappteile legen sie nebeneinander vorsichtig darauf. Dabei lassen sie zwischen den einzelnen Teilen immer einen Abstand, der etwa so breit ist, wie die Pappe tief ist (ca. 2 mm). Nun drücken sie die Folie fest an die Pappstreifen an.

Die überstehenden Ränder der Spiegelfolie müssen nun sorgfältig abgeschnitten werden. Das geht einfach, wenn man die Folie auf eine Schneideunterlage legt und mit einem Cuttermesser entlang der Pappstreifen (wie entlang eines Lineals) schneidet. Die drei Seiten werden nun zusammengeklappt und außen mit Klebeband zusammengeklebt.

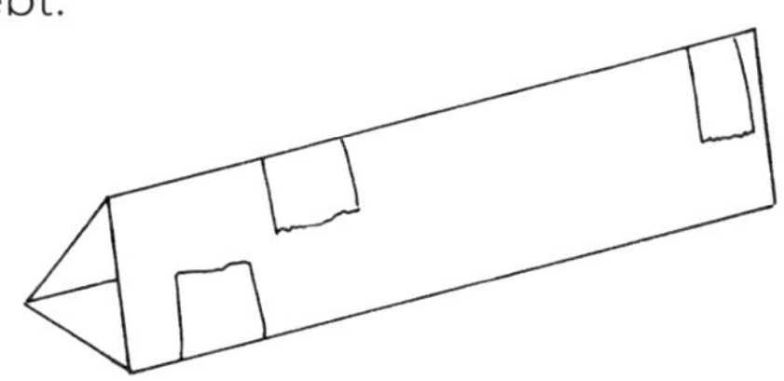

Für das Guckloch schneiden die Kinder ein Stück Tonpapier in Dreiecksform aus. Dabei müssen an jeder Seite etwa 5 mm als Klebestelle überstehen. Mit einer Schere fahren die Kinder jetzt über die Linien des Dreiecks, damit sich die Klebestellen später gut umknicken lassen.

In die Mitte des Tonpapiers müssen die Kinder dann ein Loch schneiden. Dafür messen sie zunächst die Mitte aus und zeichnen einen Kreis mit etwa 2–2½ cm Durchmesser auf. Das entspricht etwa dem Durchmesser einer Klebefilm-Rolle von innen. Vorsichtig stechen die Kinder mit einer spitzen Schere in den Kreis und schneiden ihn aus bzw. verwenden ein Cuttermesser zum Ausschneiden.

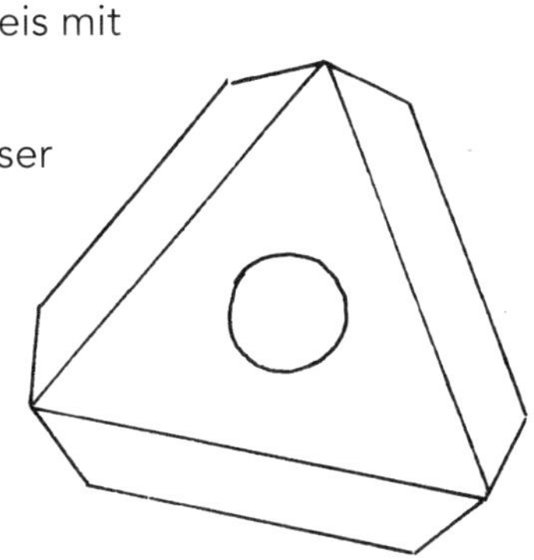

Das Guckloch-Papier wird nun an einem Ende des Fernrohres angebracht. Dazu beträufeln die Kinder einfach die drei überstehenden Klebestellen mit Alleskleber und kleben das Dreieck mit dem Guckloch an das Rohr.

Für die Sterne basteln die Kindern nun eine Art Behälter. Dieser besteht aus zwei transparenten Folien, z.B. von Einschubhüllen oder aus Büchereinbandpapier. Die Folie sollte schon etwas fester sein als die von Klarsichthüllen. Zwei Dreiecke werden daraus nach den Maßen des Guckloch-Dreiecks ausgeschnitten, inklusive der Klebelaschen. Eines der Dreiecke wird nun auf die andere Seite des Kaleidoskops geklebt. Jetzt kann man schon hindurchsehen.

Aus Fotokarton schneiden die Kinder einen etwa 3 cm breiten Streifen zu, der einmal um das Fernrohr herumgewickelt werden kann. Damit er exakt geknickt werden kann und später gut passt, sollten die Knicke vorher wieder mit einer Schere von der Rückseite vorgefalzt werden. Der Streifen wird an der „Folienseite" um das Fernrohr geklebt, etwa 5 mm des Streifens können dafür am Rohr festgeklebt werden.

Jetzt stellen die Kinder das Rohr auf die Gucklochseite und füllen ihre Glitzersterne in den neu entstandenen Behälter ein. Aber nicht zu viele, damit sie sich später noch gut bewegen können.

Kaleidoskop

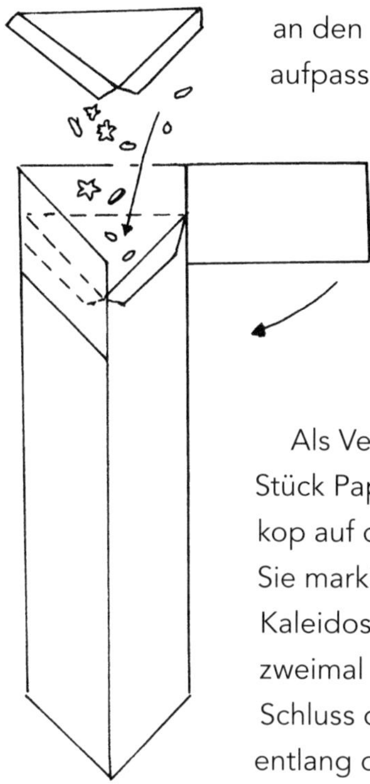

Das letzte Foliendreieck kleben sie nun direkt an den Fotokartonstreifen. Dabei müssen sie aufpassen, dass sie den Streifen nicht zerdrücken. Die Kinder können das zweite Foliendreieck auch von außen noch mit etwas Klebeband an dem Fotokarton fixieren und das Fernrohr auf diese Weise stabilisieren.

Als Verzierung schneiden die Kinder ein Stück Papier aus. Dafür legen sie das Kaleidoskop auf das Papier an das untere Papierende. Sie markieren rechts und links die Länge des Kaleidoskops. Jetzt kippen sie das Eck-Rohr zweimal weiter nach oben, markieren am Schluss die Enden und ziehen auch die Linie entlang des Rohres nach. Dazu kommt noch eine etwa 5 mm breite Klebelasche (siehe Skizze).

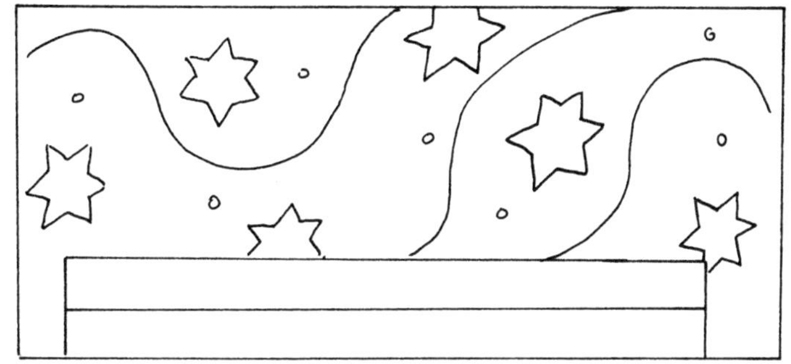

Vor oder nach dem Ausschneiden bemalen oder bekleben sie ihr Papier nach Wunsch. Zum Thema passend könnte auch ein schwarzes Tonpapier verwendet werden, auf das die Kinder nun Sterne, Mond und Planeten aufmalen oder -kleben.

Das Papier muss schließlich noch um das Rohr geklebt werden. Dafür müssen die Kinder den Kleber sehr gleichmäßig auftragen, leicht antrocknen lassen und nach dem Aufkleben das Papier gut andrücken. Falls sich Luftblasen bilden, müssen die Kinder diese nach außen streichen.

Viel Spaß beim Sternegucken!

Mondkrater-Bild oder Mond-Modell

Das können Sie gut gebrauchen

- Gefrierbeutel
- Kleister
- feiner Sand
- (gelbe) Farbe
- schwarzer oder dunkelblauer Fotokarton
- Styroporkugeln
- Plakatfarbe

- Schere
- Eimer oder große Schüssel
- Löffel

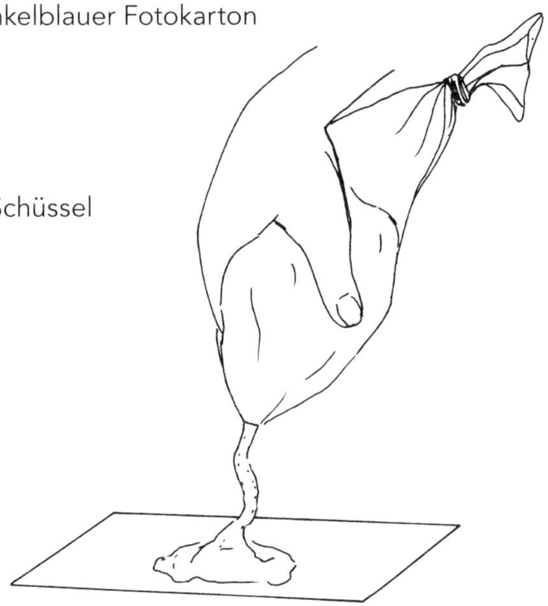

So wird es gemacht

Mondkrater-Bild

Zunächst schneidet jedes Kind in eine kleine Plastiktüte (Gefrierbeutel) ein Loch. Dafür drückt es die Tüte platt und schneidet eine der unteren Ecken etwa 5–10 mm gerade ab. Die Tüte wird später als Pressbeutel benutzt.

In einem Eimer oder einer großen Schüssel wird Sand mit Kleister gemischt. Es sollte möglichst feiner Sand sein. Wenn Sie keinen gelben Sand bekommen, mischen Sie einfach etwas gelbe Farbe mit hinein. So wirkt das Bild später mehr nach Mond, denn wir verbinden mit dem Mond automatisch die Farbe gelb. Das Sand-Kleister-Gemisch wird etwa zur Hälfte in die Tüte gefüllt. Ein Bogen schwarzer oder dunkelblauer Fotokarton liegt schon bereit.

Das Kind bewegt den Pressbeutel so über sein Papier, dass allmählich die Form eines Mondes entsteht. Da, wo es häufiger entlanggeht, wird der Sand dicker. Da, wo es gar nicht hintropft, bleibt es schwarz. So entsteht mit der Zeit ein fantastisches Mondkraterbild. Eventuell kann das Kind auch mit den Fingern oder einem Löffel noch etwas in der Masse herumdrücken, bevor diese trocknet. So schieben sich Hügel und Kraterlöcher noch mehr zurecht.

Variante

Die Kinder können statt eines Mondkrater-Bildes auch ein richtiges Mond-Modell mit dieser Technik herstellen. Dazu tragen sie ihre Sand-Kleister-Mischung auf eine Styroporkugel statt auf Fotokarton auf. Diese grundieren sie vorher mit Plakatfarbe, damit der Kleister besser haftet. Jetzt kann die Sand-Kleister-Masse wie gehabt aufgetragen werden.

6+

Windlicht und Weltall-Laterne

Aus Tetrapakschachteln oder Kakaoschachteln lassen sich wundervolle Windlichter und Laternen basteln.

Das können Sie gut gebrauchen

- Tetrapakschachteln, Kakaoschachteln o.Ä.
- Farben
- Laternen-Kerzenhalter oder Teelicht-Becher
- Laternendraht oder normaler Biegedraht
- Farben (schwarz, gelb, weiß)
- schwarzes Papier zum Bekleben
- Ast
- Draht

- Spitze Schere
- Kleber und Heißkleber
- Klebeband

So wird es gemacht

Die Kinder bemalen oder bekleben die Schachtel außen schwarz. Nun müssen viele kleine Löcher hineingestochen werden. Manche dürfen auch bis zu 5 mm Durchmesser haben. Auf die Löcher malen die Kinder Sterne mit weißer und gelber Farbe oder Farbstiften.

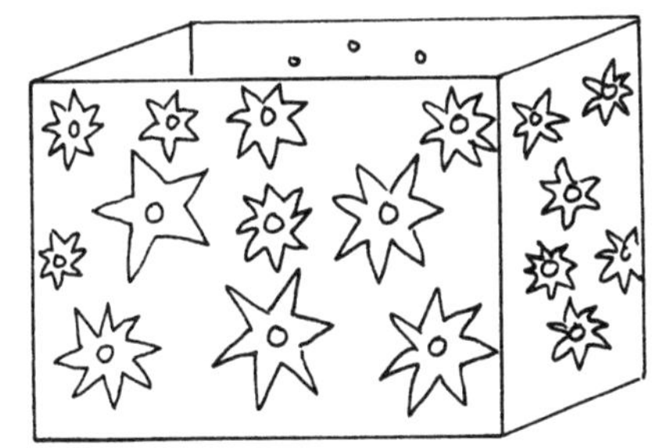

Ein gewöhnlicher Laternen-Kerzenhalter (aus dem Fachhandel) wird am Boden angebracht. Alternativ können die Kinder die Becher eines Teelichts zum Kerzenhalter umbauen. Dafür schneiden die Kinder den Rand des Teelichtbechers bis zur Mitte ein und schneiden dann einen Keil daraus aus. Nun schieben sie den Teelichtbecher zusammen, bis er den gewünschten Durchmesser hat. Mit Klebeband heften sie ihn nun zusammen und befestigen ihn mit starkem Kleber oder Heißkleber am Boden der Laterne.

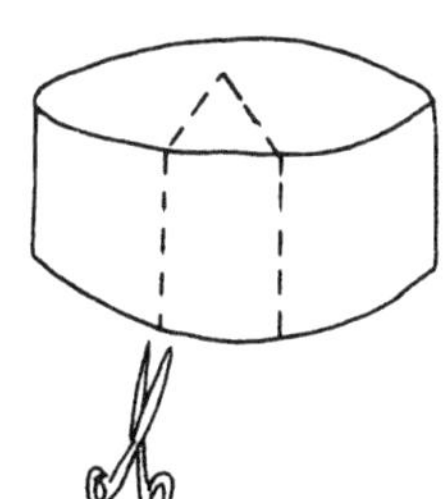

Windlicht und Weltall-Laterne

Wenn die Kinder jetzt noch eine Kerze in ihrem Kerzenhalter befestigen, ist das Windlicht schon fertig. Wollen die Kinder aus dem Windlicht aber eine richtige Laterne machen, braucht das Sternenlicht auch noch einen „Henkel". Dieser wird einfach aus etwas dickerem Draht gebogen und an zwei Seiten der Sternenschachtel angebracht. Dafür bohren die Kinder mit einer spitzen Schere je ein Loch in die Seitenwände und fädeln den Draht durch. Bekommt der Drahtbügel in der Mitte eine kleine Delle, hält später der Haken des Stockes besser.

Wer keinen Stock mit Drahthaken kaufen will, sucht sich einen geeigneten Ast im Wald. Den Haken muss man nun noch selbst am Ast anbringen. Dazu eignet sich ein etwa 10–15 cm langes Stück Draht. Dieser wird zunächst u-förmig umgebogen, dann auf die richtige Höhe an den Ast angesetzt. Nun wickelt man eine Drahthälfte um den Ast herum. Dabei sollte eine Umdrehung immer über die vorangehende Umdrehung gelegt werden. So stabilisiert sich der Laternenstab. Die andere Drahthälfte dient als Haken. Die Kinder biegen das Drahtende zu einer Art Schlinge um und können nun ihre Laternen in diesen Haken einhängen. Und los geht es zum Laternenumzug!

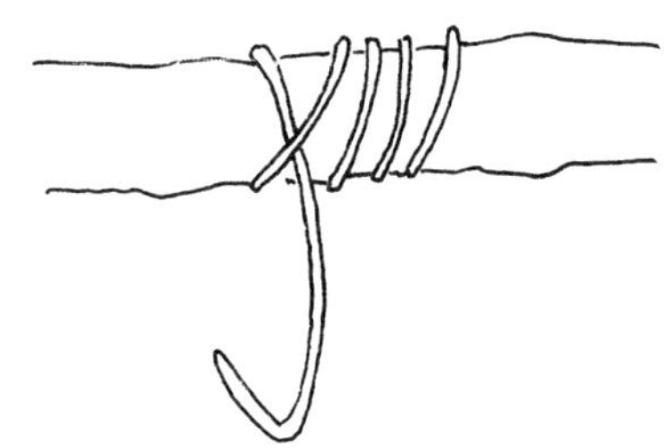

Aliens und Co.

Kinder stellen sich gerne vor, welche Wesen auf anderen Planeten leben könnten. Natürlich sind sie auch von bekannten Filmen und Serien beeinflusst und kennen daher schon einige fantasievolle Namen: Aliens, grüne Männchen usw. Solche Figuren herzustellen, um damit zu spielen oder sie im Schaukasten auszustellen, macht den Kindern Spaß.

Das können Sie gut gebrauchen

- Knetmasse (z.B. Maisstärkeknete, (vgl. dazu Maisstärkerezept; Fimo)
- Kastanien, Eicheln, Bucheckern, Knöpfe
- Streichhölzer
- Fruchtschalen, z.B. „Eichelkappen", Kastanienschalen, Bucheckernschalen
- Papier
- Filzstücke

- Vorbohrer, Nägel
- Kleber

So wird es gemacht

Die Kinder können nach Herzenslust formen und kreieren. Details auszuarbeiten, gelingt mit Hilfe von langen Nägeln oder Zahnstochern recht gut. Zusätzlich können die Kinder auch andere Materialien verwenden, z.B. können sie einen Knopf mit etwas Masse andrücken, der dann als Hut dient. Oder sie verwenden kleine Kieselsteinchen als eine Art „Panzerhaut".

Es gibt Fimo, das im Dunkeln leuchtet. Daraus lassen sich leicht kleine Männchen formen. Sollen die Figuren später stehen, müssen die Kinder darauf achten, dass eine Standfläche vorhanden ist und das Gleichgewicht stimmt. Diese Figuren können später in einem Sterngucker-Karton stehen und so schön gruselig leuchten. Dafür müssen sie nur vorher länger unter eine Lampe „aufgeladen" werden.

Die kleinen Kastanienmännchen kennt jeder, doch meistens werden sie gar nicht mehr gebaut. Diese Technik ist ideal, um fantasievolle Außerirdische zu bauen. Dazu bohren die Kinder mit einem Handbohrer zum Vorbohren vorsichtig kleine Löcher in die Kastanie und stecken jeweils ein Streichholz oder ein Stück davon ein. An ein Streichholz kann ein Kopf angesetzt werden. Zusätzlich eignen sich andere Früchte und Fruchtschalen wie Eicheln und „Eichelkappen", Bucheckern und Bucheckernschalen, Kastanienschalen usw. zum Bauen. Als Verzierung können die Kinder Papier oder Filzteile ankleben, z.B. für eine Antenne, große Ohren usw.

Laserschwert

In Zeiten von Star-Wars überhäuft die Spielzeugindustrie den Markt mit Science-Fiction-Produkten, und so ist es nicht verwunderlich, dass die Kinder ihre Helden imitieren wollen. Dazu gehört schon seit jeher ein Leuchtschwert. Auch, wenn Spielzeugwaffen in fast jedem Kindergarten verboten sind, sollten die Kinder solch ein Schwert bauen dürfen. Schließlich geht es hier darum, die eigene Fantasie auszuleben und den gesehenen Bildern, den Eindrücken von „anderen Welten", die häufig erst durch die spielerische Auseinandersetzung verstanden werden, Ausdruck zu verleihen.
So ein Leuchtschwert hat nun auch ganz andere Zwecke, als nur einen Feind zu bekämpfen. Es kann schneiden – denn der Laser ist ja bekanntlich schärfer als ein Diamant. So kann der Astronaut auf einem fremden Planeten Löcher in Felsen schneiden und sich so einen Tunnel bauen, um hindurchzukriechen. Ein Laserschwert kann Signale geben und natürlich auch Feuer machen, das man braucht, um sich zu wärmen.

Das können Sie gut gebrauchen

- Papprollen, z.B. von Geschenkpapier; alternativ: Toilettenpapierrollen, Küchenrollen oder festes Papier
- Zeitungspapier
- Bindfaden
- buntes Papier oder Farben

- Papierklebeband (Malerkrepp)
- Stock
- Kleber; Kleister oder Leim

So wird es gemacht

Am einfachsten und ungefährlichsten ist es, wenn die Kinder dieses Schwert aus Papprollen herstellen. Lange Rollen erhält man in Stoffläden oder in Druckereien. Geschenkpapierrollen eignen sich ebenfalls sehr gut. Zur Not müssen Toilettenpapier- und Küchentücherrollen aneinandergeklebt werden. Das geht gut mit Papierklebeband (=Malerkrepp). Oder die Kinder müssen aus festem Papier selbst Rollen drehen.

Damit die doch recht leichte Pappe nicht beim Spielen zusammengedrückt werden kann, stopfen die Kinder Zeitungspapier in die Rolle. Dabei müssen sie ziemlich viel Druck ausüben. Eventuell schieben sie noch mit einem Stock nach. Am Ende stopfen sie jeweils eine Papierkugel so hinein, dass sie die Rolle schön abschließt. Besonders gut sieht es aus, wenn die Enden noch mit Kleisterpapier, etwa zwei bis drei Schichten, überklebt werden. Dabei kann auch ein Rand entstehen, der mit einer Wulst einen guten Abschluss bildet. Die Kinder können auch Bindfadenstücke einarbeiten. Dazu wird der Faden durch Kleister oder Leim gezogen und auf die Rolle geklebt. Eventuell kommt darüber noch eine Schicht sehr ordentlich geklebtes Kleisterpapier.
Nach dem Trocknen können die Kinder das Schwert mit buntem Papier bekleben oder bemalen.

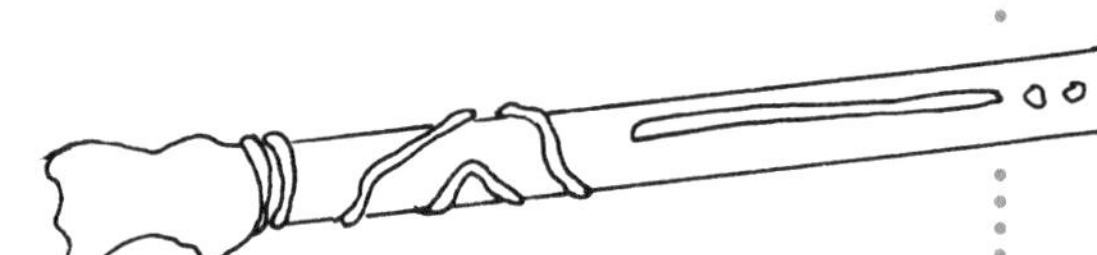

Sonnenschutzbrille

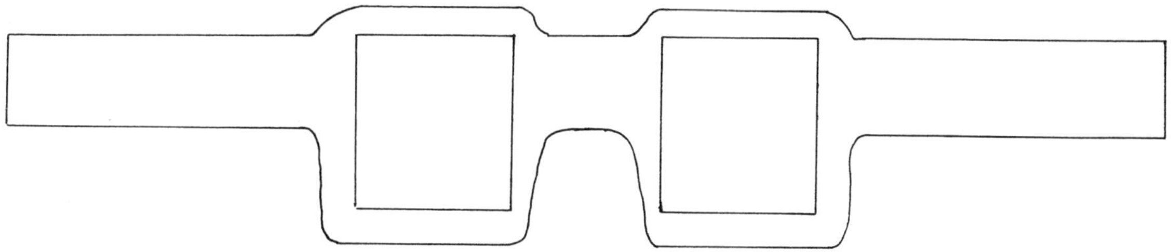

Neugierige Kinder sehen gerne in Richtung Sonne. Doch das ist wirklich gefährlich, denn die starke Sonnenstrahlung bzw. die enorme Helligkeit kann der Netzhaut Schaden zufügen. Damit die Kinder aber trotzdem ohne Gefahr in den Himmel schauen können, benötigen sie eine richtige Schutzbrille. Da kleinere Kinder die Gefahr häufig noch nicht begreifen können und evtl. nicht unterscheiden, wann sie zur Sonne sehen dürfen und wann nicht, sollte das Angebot erst ab etwa sechs Jahren durchgeführt werden. Die Sonnenschutzbrille eignet sich auch gut für Wolkenbeobachtungen, denn dabei sehen die Kinder auch gerne mal in Richtung Sonne.

Das können Sie gut gebrauchen

- festes Tonpapier
- spezielle Sonnenschutzfolie
- Gummiband

- Kleber
- Schere
- Cuttermesser
- Locher

So wird es gemacht

Den Brillenrahmen schneiden die Kinder aus festem Tonpapier aus. Je nach Kopfgröße der Kinder müssen Sie das Modell in der Skizze variieren. Auch der Auge-Nase-Abstand ist häufig sehr unterschiedlich. Wichtig ist, dass die Brille den gesamten Blickwinkel abschirmt, sodass keine Sonnenstrahlen hindurchscheinen können.

Die Ausschnitte für die „Gläser" werden sauber mit dem Cuttermesser oder einer kleinen Schere ausgeschnitten. Nun kleben die Kinder spezielle Sonnenschutzfolie dahinter, die es beim Astronomen-Fachhandel zu kaufen gibt. Dabei ist es wichtig, dass die Folie straff gespannt ist, damit beim Durchsehen später keine Falten oder Wellen stören. An beide Bügelenden knipsen die Kinder nun mit einem Locher ein Loch und ziehen ein Gummiband durch. So sitzt die Brille später fest und sicher am Kopf.

Fantasieland

Welches Kind hat nicht manchmal die Vorstellung, in ein ganz besonderes Land zu reisen? Dort gibt es bunte Bäume mit langen Schlangenarmen, oder es fliegen schwarzweiße Riesenvögel herum, die Turnschuhe tragen. Kinder können den ganzen Tag Abenteuer erleben, spielen und die Welt erkunden, ohne wirklich in Gefahr zu geraten. Träumen wir uns gemeinsam mit ihnen in die Welt der Fantasie, schweben wir über den Wolken oder tauchen tief hinein ins Meer der Farben …

Was Sie auf Ihrer Reise in diese Zeit auch noch einplanen können

- bunte Küche: Kochen mit bunten oder gefärbten Zutaten
- Lieder, Musik und Tänze
- Bewegungsspiele
- ein Fantasiefest mit Tänzen, Darbietungen, Festessen
- Theaterstücke
- Ausflug auf eine große Wiese, um in den Himmel zu sehen und die Wolken zu beobachten

Wundersame Hüte und Schuhe

Wer im Fantasieland leben will, braucht ein wundersames Outfit. Lustig sind verrückte Hüte und Schuhe.

Das können Sie gut gebrauchen

- Luftballons
- Zeitungspapier
- Pappstücke und Papierreste
- Schnüre, Wollfäden, Kugeln, diverses Material aus dem Plastikmüll
- Nähgarn
- Federn
- Plüsch, Moosgummi, Filz, Kork (z.B. Fußbodenkork oder andere Korkplatten)
- Farben
- Glitter, Perlen, Nudeln
- Holzspäne oder Sägemehl, Erde, Kaffee
- alte Hausschuhe oder Socken

- Kleber
- Schere
- Klebeband
- Stift
- Kleister und evtl. auch Leim
- Stopfnadel

So wird es gemacht

Hüte

Als Basis dient ein Luftballon, der mit Kleisterpapier überzogen und auf die Kopfgröße zugeschnitten wird.
Daran setzen die Kinder weitere Teile aus Pappe und bekleben sie mit Kleisterpapier, damit sich die Hutkonstruktion stabilisiert. Mit Hilfe von Schnüren, Kugeln, Papierknödeln, Material aus dem „Gelben Sack" etc. bringen sie Details an ihrem Hut an, die sie wieder mit Kleisterpapier überkleben.

Zum Schluss malen die Kinder ihren Hut bunt an. Jetzt können sie ihn auch noch mit Federn, Perlen, Glitter etc. schmücken. Interessant sehen auch aufgestreute Späne oder Sägemehl aus.

Schuhe

Am einfachsten ist es, wenn die Kinder alte Hausschuhe oder andere alte Schuhe zum Basteln verwenden dürfen. Sie können daran ansetzen, überkleben, aufbauen usw. Zum Beispiel können sie auf die Schuhspitze einen großen Papp-Schnabel kleben, oder sie bemalen den Schuh hellbraun und kleben überall Wolle oder Plüsch daran, sodass es aussieht, als sei es ein Fuß von einem Tier. Krallen werden aus Pappe, Moosgummi oder Filz ausgeschnitten und vorne angeklebt.

Haben die Kinder keine alten Schuhe zur Verfügung, sind Socken auch geeignet. Eine Sohle kann aus Moosgummi, Kork oder Pappe angeklebt oder angenäht werden. Bei Grobstrick-Socken knüpfen die Kinder Wollfäden als Fell an die Maschen, oder sie nähen sie mit einer großen Stopfnadel an. Ankleben funktioniert auch, sofern die Kinder darauf achten, dass der obere und untere Sockenteil nicht aneinander kleben bleiben. Perlen, Federn, Nudeln usw. können die Kinder annähen.

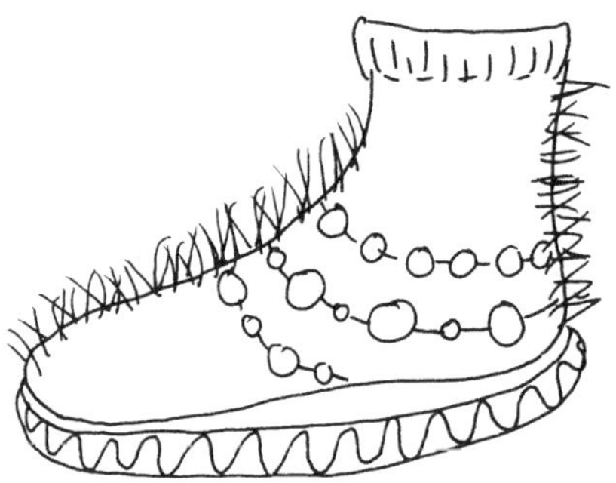

Variante

Wer gerne mit Kleisterpapier arbeitet, kann Fantasie-Schuhe komplett daraus herstellen. Dafür müssen die Kinder ihre Füße erst einmal abmessen. Sie stellen sich auf ein Stück Pappe und umfahren ihre Füße mit einem Stift. Diese Sohlen schneiden sie dann aus. Nun kommt ein Stück Pappe quer über die Zehen und wird mit Klebeband unter der Sohlenpappe befestigt. Ein weiterer Streifen führt um die Ferse herum nach vorne, auch der wird angeklebt. Beim Ankleben sollten die Füße noch auf der Sohle stehen, sodass sie von der Pappe locker umspannt werden.

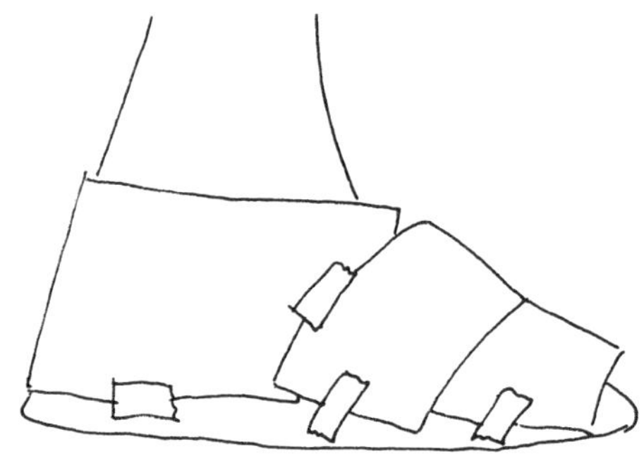

An diese Rohform setzen die Kinder locker geknülltes Zeitungspapier. Die Größe der Papierknüllen passen die Kinder an die gewünschte Größe ihres Fantasieschuhs an. Für Löwentatzen brauchen sie etwas mehr von diesem locker geknüllten Papier, für entenartige Füße nur ganz wenig. Die Zeitungsknüllen überziehen sie dann mit Kleisterpapier. Wenn die Zeitungsknüllen schon mit ein paar Schichten Kleisterpapier überzogen sind, können die Kinder die Form ihrer Fantasieschuhe noch ausarbeiten, indem sie das Papier in die richtige Form zusammendrücken. Feinheiten können sie auch aus Papier und Kleister oder aber aus Schnüren formen, z.B. können sie einen Bindfaden aufkleben und zurechtrücken.

Nach dem Trocknen bemalen oder bekleben die Kinder ihren Schuh noch. Besondere Effekte erzielt man, indem man z.B. ein Sand-Kleister-Gemisch aufträgt. Man kann auch Sägemehl, Erde, Kaffee etc. in Kleister oder in eine Kleister-Leim-Mischung streuen. Eine Kleister-Leim-Mischung klebt etwas stärker als reiner Kleister.

Tipp

Machen Sie mit den Kindern Fotos von den Schuh-Kreationen, oder lassen Sie alle zusammen eine kleine Fantasie-Modenschau durchführen. Dafür brauchen die Kinder dann noch fantasievolle Kleider und das Ambiente für die „Show“. Es kann ein ganzes Fantasie-Fest daraus werden, wenn es besonders kreierte Getränke und Speisen, Dekoration und sogar Musik gibt. Vielleicht wollen die Kinder auch ein Fantasie-Theaterstück oder Musical einstudieren.

Fantasiebäume

Aus Gips lassen sich sehr schöne Fantasiebäume kreieren. Gips ist ein Material, das sich für Kinder ab etwa fünf Jahren zum Gestalten eignet.

Das können Sie gut gebrauchen

- Gipspulver und Wasser
- Drahtgitter (z.B. Hasendraht) oder Plastikflasche
- Styropor, Pappe
- Stoff oder Mullbinden
- Toilettenpapierrollen
- Äste, Blätter
- verschiedene Materialien, z.B. Filzstücke, Federn etc.
- je eine Holzplatte als Untergrund
- Farben, Farbpigmente
- Sand, Erde

- eine Gipsschale für jedes Kind (z.B. elastische Gummischüsseln)
- einen Spachtel für jedes Kind
- Esslöffel, Gabel
- Tacker
- Klebeband
- Kleister
- Sägen, Raspeln, Feilen

Gut zu wissen

Die Kinder müssen sich an bestimmte Zeitabläufe halten, denn Gips bindet recht schnell ab, das heißt, er härtet aus, und die Form kann dann nicht mehr verändert werden. Ist der Gips einmal richtig durchgetrocknet, haftet er nicht mehr so gut aneinander. Die Kinder sollten bei diesem Angebot möglichst an einem oder an zwei Tagen direkt hintereinander arbeiten. Beim Nacharbeiten müssen sie die Stellen, die sie noch einmal bearbeiten wollen, vorher noch einmal mit Wasser benetzen, dann haftet der neue Gips auch besser.

Achtung

Die Kinder sollten das Material nicht in den Mund nehmen und ihre Hände mit Vaseline oder anderer fettender Hautcreme vor und nach der Arbeit vor dem Austrocknen schützen.

So wird es gemacht

Die Kinder müssen zunächst ein Gerüst für ihren Gipsbaum schaffen, das die zähflüssige Masse aufnimmt und stützt. Da das Material schon relativ schwer ist, müssen größere Objekte ein leichtes Gerüst bekommen, z.B. aus Styropor oder Pappe. Kleinere Objekte können auch ein Drahtgitter-Gerüst haben oder eines aus Plastikflaschen etc.

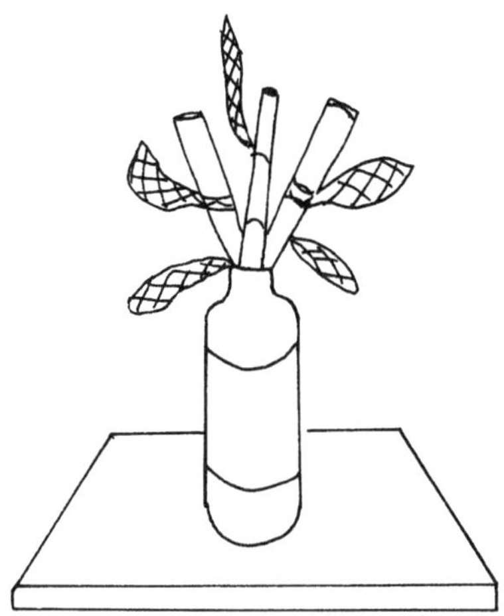

Das Gerüst bauen die Kinder am besten auf einer Holzplatte auf. Diese bildet dann auch den Untergrund für die Figur. Das Gerüst tackern die Kinder direkt auf die Holzplatte, oder sie kleben ihre Plastikflasche mit Klebeband an.

Den Gips setzen sie folgendermaßen an: Benutzen Sie für jedes Kind eine Gipsschale. Geben Sie etwa 3 oder 4 Spachtelspitzen Gipspulver hinein, und verteilen Sie es in der Schale. Jetzt füllen sie es mit Wasser auf, bis gerade noch die Oberfläche des Gipses herausschaut. Nun rühren Sie vorsichtig um, warten dann einen Moment, damit der Gips anziehen kann.

Achtung

Das Mischungsverhältnis müssen Sie für sich selbst ausprobieren, es variiert stark und ist auch abhängig davon, wie schnell man arbeitet: Langsame Gipser brauchen eher flüssigeren Gips, schnellere eher festen.

Nun kommt die erste, schwierigste Schicht Gips darauf. Wenn ein zu großmaschiger Hasendraht verwendet wird, kann auch ein Stück Stoff oder eine einfache Mullbinde darüber gewickelt und darauf gegipst werden. Der Gips wird mit einem Spachtel aufgetragen. Wenn das für die Kinder anfangs noch zu schwierig ist, eignen sich auch normale Esslöffel. Für die späteren, feineren Schichten, die dann auch schön aussehen sollen, ist es besser, einen Spachtel zu verwenden.

> *Tipp*
> **Die ersten Schichten, die die Kinder auf das Gerüst geben, sollten etwas dicker sein, damit der Gips schneller hält. Später können immer dünnere Schichten aufgetragen werden, weil der Gips dann an der vorherigen Gipsschicht recht gut haftet.**

Nach und nach tragen die Kinder weiteren Gips auf. Eventuell setzen sie noch Äste an oder fügen andere Details hinzu, indem sie etwas Styropor oder z.B. eine Toilettenpapierrolle in den noch feuchten Gips tauchen, ansetzen und mit einer weiteren Schicht Gips überziehen.

Haben die Kinder ihren Fantasiebaum soweit gebaut, dass sie zufrieden damit sind, können sie sich an die Oberflächengestaltung machen. Die letzte Gipsschicht wird nun geglättet oder mit einer Gabel o. Ä. aufgeraut. Gleichmäßige Dellen entstehen durch Andrücken einer Löffelrückseite.

Die Kinder können auch, nachdem der Gips getrocknet ist, weiterarbeiten. Zunächst ist es möglich, mit (alten!) Sägen, Raspeln, Feilen etc. am Gips zu arbeiten. Nach dem aufbauenden, plastischen Gestalten folgt damit also eine Arbeitsphase, bei der die Kinder Material abtragen. Sie müssen also umdenken: Alles was sie jetzt wegkratzen oder weghauen, ist für immer weg!

Die Gipsskulptur kann schließlich noch bemalt werden. Auch das Aufstreuen von verschiedenen Materialien (Sand, Erde, Farbpigmente usw.) in den noch leicht flüssigen Gips oder eine Farb-Kleister-Mischung schafft wirkungsvolle Effekte. Am besten sollten die Kinder selbst herumprobieren, was sie interessant finden für ihre persönliche Kreation.

Wer will, kann natürlich noch Blätter oder andere fantasievolle Gebilde an seinem Baum anbringen. Die Kinder sollten auch hier die Möglichkeit haben, aus einer Vielfalt von Material auszuwählen. Zum Beispiel gibt es Blätter aus Filz oder Paradiesvögel aus Knete. Vielleicht eignen sich auch Federn anstelle von Blättern oder weiße Gipsspuren als Schnee.

Fantastische Täschchen

Jüngere Kinder haben gerne kleine Taschen, um ihre wichtigen Schätze zu verstauen. Wer sich gerade in der fantastischen Welt der Feen und Elfen bewegt, möchte sein Täschchen dementsprechend zauberhaft verzieren.

Das können Sie gut gebrauchen

- Filz (auch selbstgefilzt)
- Wolle (evtl. auch einen Glitzerwollfaden)
- Häkelnadel
- Knöpfe
- Bänder, Kordeln
- Glitzer-Stoffreste, Glitzerperlen, Federn, Pailletten o.Ä.
- Glitzerfarbe
- Nähgarn

- Häkelnadel
- Nähnadel
- Kleber
- Schere

So wird es gemacht

Aus Filz

Die Kinder schneiden ein rechteckiges oder rundes Stück Filz in der jeweiligen Wunschgröße aus und falten es wie eine Tasche zusammen. Dabei achten sie darauf, dass ihre Tasche eine Überschlaglasche hat. Rechts und links muss das Filzstück mit einfachen Stichen umnäht werden. Nimmt man dafür einen farbig abgesetzten Wollfaden, sieht es besonders schön aus.
Einen Knopf nähen die Kinder vorne auf ihre Tasche. In die Überschlaglasche schneiden sie einen kleinen Schlitz als Knopfloch. Als Trage-Riemen eignet sich ein schönes Band, eine Kordel oder eine gehäkelte Schnur. Sie wird seitlich an die Tasche genäht. Lässt man dabei die Enden bis zum „Boden" der Tasche hängen und unten vielleicht noch ein paar Fransen herausstehen, sieht es besonders schön aus.

Aus Wolle

Kinder ab etwa fünf Jahren können sich schon ans Häkeln wagen. Für ein Täschchen müssen sie ein rechteckiges Stück häkeln mit einfachstem Häkelmuster.
Anschließend müssen die Kinder ihr Häkelstück so umklappen, dass sie ein kleines Täschchen mit Überschlag haben. An den Seiten nähen oder häkeln sie es jetzt zusammen. Vorne nähen sie einen Knopf auf ihr Häkeltäschchen. Als Knopfloch kann man eine kleine Lasche aus Luftmaschen an den Überschlag häkeln. Den Trage-Riemen können die Kinder direkt anhäkeln, oder aber sie nähen ihn später an.

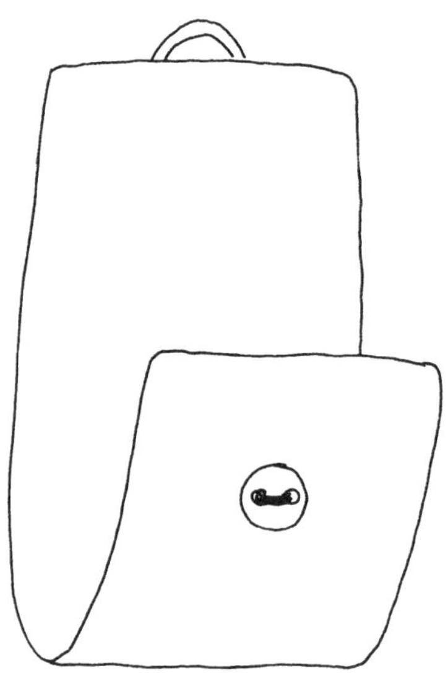

Damit nun auch etwas Elfenglanz zu den Taschen kommt, werden sie verziert. Die Kinder können sich kleine Elfen und Feen aus Filz ausschneiden und aufkleben oder aber Glitzerperlen annähen. Glitzernde Stoffreste werden ebenfalls ausgeschnitten und aufgenäht oder aufgeklebt. Auf Filz kann man direkt mit Glitzerfarbe malen. Farbige kleine Federn sehen auch sehr gut als Schmuck aus.

Tipp

Wer beim Häkeln der Tasche gleich einen Glitzerfaden hineinarbeitet, hat schon eine zauberhafte Tasche.

Wolpertinger-Spardose

In Bayern kennen viele Kinder noch den Begriff Wolpertinger. Das sind Wesen, die aus verschiedenen ausgestopften Tieren zusammengesetzt werden. So kann z.B. der Kopf der einer Ente sein und der Körper der eines Fuchses. Die Vorderfüße sind vom Eichhörnchen o.Ä. Solche Fantasiewesen können die Kinder aus Pappkaschee herstellen. Übrigens macht schon das Zeichnen solcher fantasievoller Mischwesen riesigen Spaß!

Das können Sie gut gebrauchen

- Luftballons (verschiedene Formen)
- Zeitungspapier
- Toilettenpapierrollen
- Schnüre
- Küchenpapier
- Pappe
- Federn
- Farben (Acrylfarben oder Dispersionsfarbe); wasserfeste Stifte
- wasserlöslicher Lack
- Kartonstreifen

- Kleister
- Kleber
- Papierklebeband (Malerkrepp)
- Cuttermesser
- spitze Schere
- Filzstifte
- Tacker
- Musterbeutelklammer

So wird es gemacht

Ein Luftballon ist die Basis der Arbeit. Die Kinder blasen ihn soweit auf, wie sie sich den Körper ihres Wesens vorstellen. Praktisch ist es, wenn verschiedene Ballonformen zur Verfügung stehen. An den Körper können die Kinder schon vor dem Kleistern einen Kopf, Beine und einen Schwanz aus Papier, einem kleinen Luftballon oder auch Toilettenpapierrollen kleben. Das geht gut mit Papierklebeband.

Wer will, kann auch später einfach an den bereits beklebten Körper weitere Körperteile ankleben. Manche Kinder entwickeln nämlich erst während des Kleisterprozesses ihre Idee weiter und entscheiden dann, welche Arme und Beine das Wesen bekommen soll.

Je extremer die Unterschiede sind, umso lustiger. Echte Tiere oder auch Menschen sollen dabei nur zur Anregung dienen, die Kinder sollten ihrer Fantasie freien Lauf lassen. So können sie beispielsweise einem dackelähnlichen Wesen besonders lange Beine ansetzen oder einem Giraffenkörper besonders kurze …

Wolpertinger-Spardose

Alle Teile müssen mit mindestens vier Schichten Kleister-Papier beklebt und glattgestrichen werden. Besonders an den Verbindungsstellen müssen die Kinder gründlich arbeiten. Je glatter die Oberfläche gestrichen wird, umso schöner sieht sie nach dem Trocknen aus.

Es können auch besondere Oberflächeneffekte gestaltet werden: Mit Schnüren legen die Kinder Kringel und kleben sie an. Am besten überziehen sie sie auch mit einer dünnen Papierschicht oder mit Küchenpapier. Schuppen können die Kinder aus Pappe ausschneiden. Auch Federn sehen interessant aus – echte Federn oder welche aus Papier, die wie Dachziegel aufeinandergeklebt werden.

Nach etwa zwei Tagen Trockenzeit darf ein Schlitz für das Geld eingeschnitten werden. Dafür stechen die Kinder mit dem Cuttermesser oder einer spitzen Schere an der gewünschten Stelle vorsichtig ein und schneiden einen Schlitz hinein. Eventuell müssen sie den Rand noch etwas nachbearbeiten, damit er nicht ausfranst. Beim Einstechen hört man gleich, wie der Luftballon sich im Inneren zusammenzieht. Er kann durch den Spalt entfernt werden, oder aber er bleibt erst mal in der Spardose. Nach dem Trocknen wird gemalt. Am besten verwenden die Kinder dazu wasserfeste, auftrocknende Farben, wie z.B. Dispersion oder Acrylfarben. Andere Farben können gleich mit wasserlöslichem Lack gemischt werden. Oder die Kinder überziehen ihr komplett durchgetrocknetes Kunstwerk am Ende noch mit Lack. Wer gerne winzige Details aufmalen will, muss das auch unbedingt vor dem Lackieren tun. Die Kinder benutzen dafür einen wasserfesten Stift. Damit lassen sich z.B. die Augen oder auch Krallen und Federn sehr gut zeichnen.

Und wenn nun die Spardose voller Geld ist? Eine Öffnung zum Entleeren schneidet man mit einem Cuttermesser am besten unten in den Wolpertinger-Bauch. Lässt man ein etwa 5 cm langes Stück stehen, kann die Öffnung auf- und wieder zugeklappt werden. Wer mag, tackert einen kleinen Streifen Karton an die Klappe und sticht ein Loch hinein. Neben die Klappenöffnung sticht man nun auch ein Loch hinein und steckt von innen eine Musterbeutelklammer nach außen. Diese muss jetzt noch mit etwas Kleber innen befestigt werden, damit sie nicht in das Bauchinnere rutscht. Wenn man die Klappe jetzt schließt, lässt sich das Loch der Lasche über die Klammer schieben. Zum Verschließen muss man die Klammer nur noch öffnen.

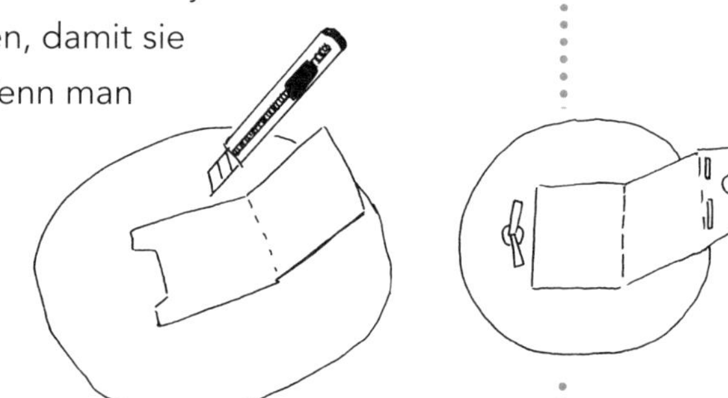

Verrückte Fahrzeuge aus Holz

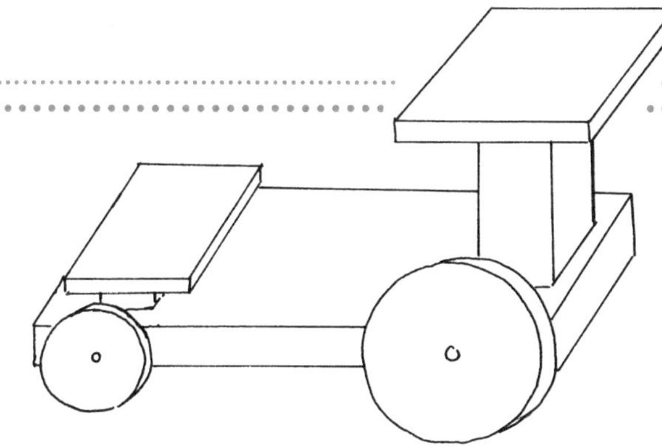

Wie bewegen sich Wesen im Fantasieland vorwärts, außer auf ihren Füßen, Pfoten oder Hufen zu laufen? Vielleicht haben sie sehr originelle Fahrzeuge, die die Kinder ihnen bauen. Natürlich können sie auch gleich richtig große Fahrzeuge bauen, in die sie sich selbst hineinsetzen können.
Am einfachsten werden sie nach dem Prinzip des Laufrads oder Rutscheautos konstruiert, sodass man keinen aufwändigen Antrieb bauen muss.

Das können Sie gut gebrauchen

- Holzquader in verschiedenen Größen
- Bretter und Leisten
- Acrylfarben

- Pinsel
- Holzleim
- Reißnägel
- Nägel
- Hammer
- Sägen
- Schrauben
- Akkuschrauber

> **Achtung**
>
> **Bitte achten Sie bei der Arbeit mit dem Akkuschrauber darauf, dass die langen Haare oder Bänder an der Kleidung der Kinder nicht in den drehenden Bohrer gelangen!**

So wird es gemacht

Stellen Sie den Kindern sehr viele verschiedene Holzreste zur Verfügung. Je mehr Größen, Formen und Farben, umso einfacher ist es, daraus etwas zu bauen. Meist müssen die Kinder dann auch weniger sägen und können direkt loslegen. Je jünger die Kinder sind, desto eher sollten die Teile bereits in kleine Stücke gesägt worden sein.

Je nach Lust und Fantasie können die Kinder dann bauen.
Ein Boden aus einem Brett bekommt Aufbauten zum Sitzen oder Stehen, ein Lenkrad oder eine Armatur mit Druckknöpfen (z.B. aus Reißnägeln). Die Holzstücke können die Kinder mit Leim ankleben oder aber mit Hammer und Nagel aneinander befestigen. Manchmal ist es sinnvoller, Schrauben zu benutzen. Handelsübliche Akkuschrauber sind unter Aufsicht für Kinder schon gut zu handhaben.

Fertige Fahrzeuge können die Kinder nun noch mit Acrylfarben bemalen.

Jalousienbild

Das können Sie gut gebrauchen

- Papier
- Zeitungsbilder oder Poster mit großen Fotos darauf

- Kleber
- Schere
- Lineal

So wird es gemacht

Die Kinder schneiden ein Zeitungsbild oder Poster in horizontale Streifen. Je nach Wunsch sind das gleichmäßige Streifen, z.B. je 2 cm breit, oder aber die Kinder schneiden so, dass die Streifen immer breiter werden.

Jetzt kleben die Kinder die Streifen in gleichmäßigen oder in unterschiedlichen Abständen auf ein Papier.
Vorsicht: Die Reihenfolge der Streifen muss gleich bleiben, sonst ist das Bild nicht mehr zu erkennen.

Tipp

Anfangs sollten die Kinder zunächst kleinere Bilder und Zeitungsausschnitte verwenden, um die Technik zu verstehen. Anschließend können sie mit größeren und schwierigeren Motiven arbeiten. Natürlich können die Bilder vorher auch selbst gemalt werden.

Variante

Regen Sie die Kinder an, ihr Bild auch einmal in diagonale oder wellenlinienförmige Streifen zu zerschneiden.

Monotypie

Die Technik der Monotypie ist schon um 1700 entstanden. Es gibt verschiedene Möglichkeiten, sie zu nutzen.

Das können Sie gut gebrauchen

- Papier
- Glasscheibe; alternativ: Metall- oder Acrylglasplatte
- Farben (Linoldruckfarben oder andere fettige oder ölhaltige Farben, die nicht zu schnell trocknen); alternativ: mit Kleister verrührte Farbe
- Bleistifte

- Farbwalzen
- Nägel
- Gabeln
- evtl. Leine und Wäscheklammern

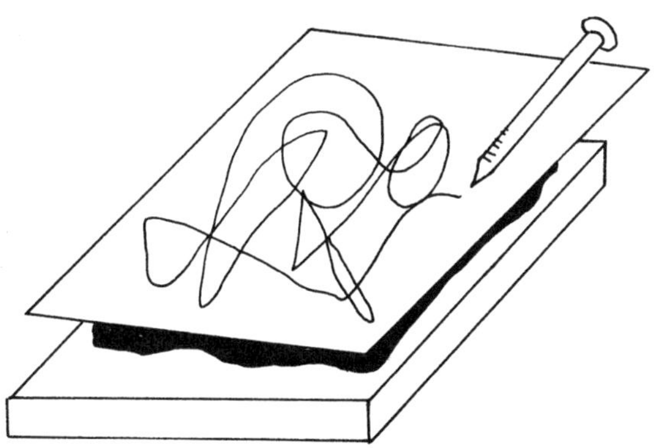

So wird es gemacht

Als Basis dient eine Glasscheibe. Die Kinder streichen diese gleichmäßig mit Farbe ein, am besten walzen sie die Farbe auf die Platte. Nun legen sie Papier auf die eingefärbte Platte. Mit einer sauberen Walze drücken sie das Papier fest an. Ziehen sie das Papier ab, erscheint die Farbe auf dem Papier. Je nachdem, wie gleichmäßig vorher gewalzt wurde, ist die Farbe verteilt.

Zeichnen die Kinder stattdessen mit einem Bleistift, einem Nagel oder einer Gabel auf das aufgelegte Papier Muster, Tiere oder Sonstiges, drückt sich die Farbe genau dort auf dem Papier ab. Etwas von der übrigen Farbe bleibt auch haften, sodass fantasievolle Effekte entstehen.

Es kann auch in die aufgestrichene Farbe gezeichnet werden, so schiebt sich die Farbe an den gewünschten Stellen weg. Drückt man anschließend das Papier auf und walzt es, bleiben diese Stellen frei.

Lassen Sie die Kinder herumprobieren. Sie können z.B. ihre ganze Hand aufdrücken und sehen, was passiert.

Um die Bilder zu trocknen, sollten Sie sie eine Weile auslegen. Wer wenig Platz hat, hängt eine Leine durch das Zimmer und befestigt die Bilder daran vorsichtig mit Wäscheklammern.

Wilde Kerle und Monster

Fantasievolle Handpuppen lassen sich einfach aus Socken oder aber aus Eierschachteln und Stoff herstellen. Die Kinder erfinden damit Rollenspiele oder sogar ein kleines Theaterstück.

Das können Sie gut gebrauchen

- Socken
- feste Pappe
- Stoffreste
- Eierschachteln
- alter Pullover
- Papprollen
- Tonpapier
- Nähgarn
- Knöpfe
- Farben
- Wolle
- Fellstücke
- Filzreste

- Schere
- Cuttermesser
- Alleskleber
- Kleister
- Nadel
- Pinsel

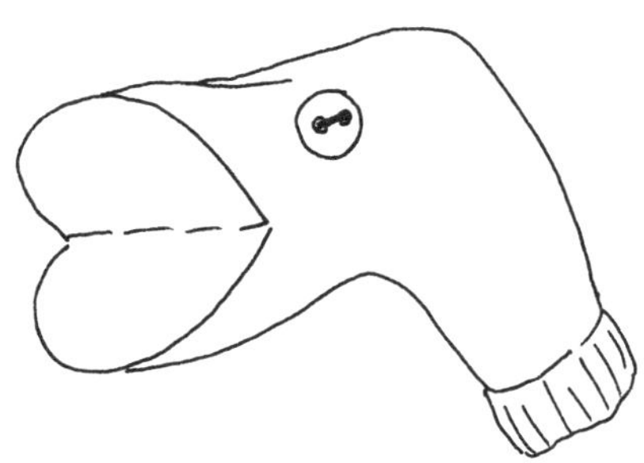

So wird es gemacht

Sockenmonster

Um ein Maul in den Socken zu formen, schneiden die Kinder aus fester Pappe zwei Halbkreise aus, die gut in die Sockenform passen. Mit Alleskleber lassen sie sich gut am Socken befestigen. Vorsicht: Nimmt man zu viel Kleber, geht er nach innen durch den Stoff durch, und der obere und untere Sockenteil könnten zusammenkleben. Am besten ist es, wenn die Kinder eine Hand im Socken lassen, während sie kleben.

Als Augen können die Kinder Knöpfe verwenden, die sie einfach an den Socken annähen oder ankleben. Alternativ können sie auch aus einem Stück Pappe oder Tonpapier Augen ausschneiden und sie auf den Socken kleben.

Nun fehlen noch Haare. Die Kinder können ihrer Fantasie freien Lauf lassen und z.B. Haare aus Wolle anbringen, indem sie diese entweder annähen oder ankleben. Auch Stacheln aus Pappe, Fellstücke, Punkte, Flossen usw. machen sich prima an solch einem Sockenmonster.

6+

Eierschachtelmonster

Die Eierschachteldeckel dienen als Kopf. Nach eigenen Vorstellungen können die Kinder die Schachtel etwas kürzen oder in ganzer Länge verwenden.
Auf jeden Fall müssen sie den Verschlussrand an der Rückseite der Schachtel wegschneiden und die Schachtelseiten voneinander trennen. Dann müssen die Kinder auch noch die Zacken im Inneren des Eierschachtelkartons entfernen, damit später die Hand gut hineinpasst.
Auf jede Innenseite kleben die Kinder jetzt Tonpapier, sodass das Maul innen eine Fläche bekommt.
Jetzt muss ein Stoff zugeschnitten werden. Idealerweise benutzt man den Ärmel eines alten Pullovers, denn genau diese Form soll der Stoffarm später haben. Diesen Ärmelschlauch müssen die Kinder nun an den Kopf ihres Monsters kleben.

Das Ausgestalten und Verzieren des Monsters macht am meisten Spaß. Jetzt können die Kinder z.B. die Zacken der Eierschachtel als Stacheln auf die Oberseite des Kopfes aufkleben. Als Augen dienen, wie bei den Sockenpuppen, wieder Knöpfe. Oder die Kinder fertigen Augen aus kleinen Papprollen an. Lustig sieht es aus, wenn die Eierschachtelhälften bemalt werden und schließlich Stofffetzen oder Sägespäne mit Kleister aufgeklebt werden.
Auch das Maul können die Kinder innen anmalen. Vielleicht kleben sie vorher noch riesige Zähne an oder aber eine lange Schlangenzunge aus Filz.

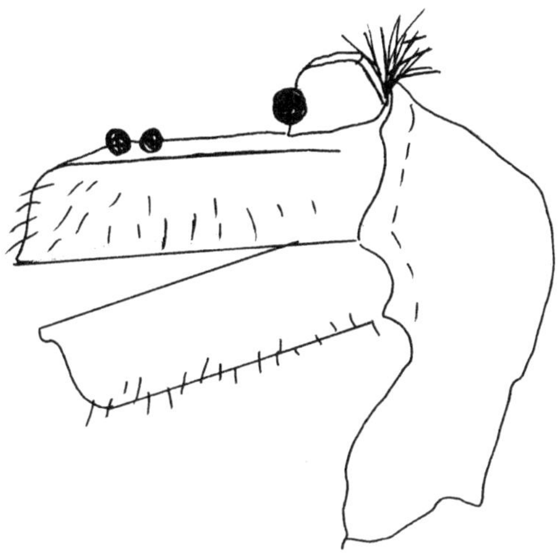

Holztafeln

Nicht nur für Vorschulkinder ist eine eigene Tafel eine Bereicherung zum Malen und Erste-Buchstaben-Schreiben. So eine Tafel können die Kinder selbst aus dünnem Holz mit der Laubsäge aussägen.

Das können Sie gut gebrauchen

- Sperrholz oder andere dünne Holzverbundplatten
- Tafellack (am besten auf Wasserbasis)
- ein Blatt Papier zum Skizzieren
- Bleistift
- Kohlepapier

- Tisch oder Werkbank, sodass man das Werkstück festklemmen kann
- Laubsäge
- Schleifpapier
- Schaumgummiwalze oder Lackpinsel

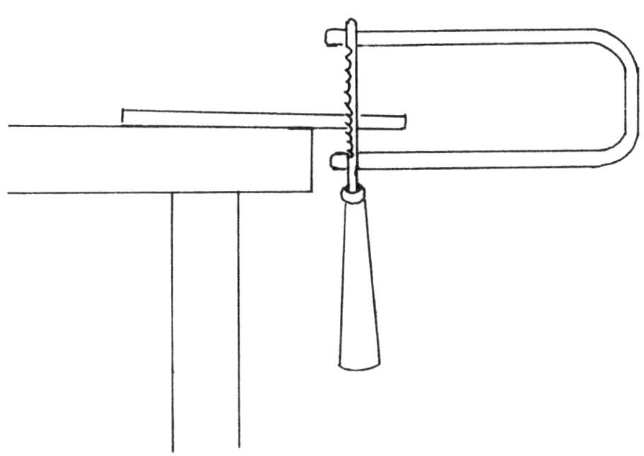

So wird es gemacht

Bevor die Kinder ihre Tafel aussägen können, müssen sie sich zunächst eine Form für ihre Tafel überlegen. Da ist Fantasie gefragt, und die Kinder müssen einige Skizzen dazu anfertigen, bis die endgültige Form entschieden ist.

Wichtig ist hierbei: Die Form sollte keine zu engen Winkel und Ecken aufweisen, damit die Kinder sie später auch problemlos aussägen können. Feine, lange und dünne Stücke sollten nicht hervorstehen, damit sie später nicht abbrechen.

Die Form übertragen die Kinder auf das Holz. Das geht gut mit Kohlepapier, oder die Kinder schneiden ihre Zeichnung aus und benutzen sie als Schablone. Die Linien sollten deutlich gezeichnet sein, damit das Kind sie später beim Sägen gut sieht.

Das Aussägen machen die Kinder mit der Laubsäge. Diese hat ihre Zähne ja bekanntermaßen genau andersherum aufgerichtet als die üblichen Handsägen. Daher muss man beim Sägen nicht schieben, sondern ziehen. Die Kinder halten die Säge senkrecht und bewegen sie zügig auf und ab.

6+

Holztafeln

> **Tipp**
> **Sie können den Kindern den Sägemechanismus durch einen Vergleich deutlich machen: Die Säge funktioniert ähnlich wie die Nadel in einer Nähmaschine, sie bewegt sich auf und ab. Beim Sägen übernehmen die Kinder nun die Funktion der Maschine und müssen die Säge in kurzen Zügen auf und ab bewegen. Die Säge verharrt dabei in einer Position mit dem Sägeblatt Richtung Tisch oder Werkbank. Das Werkstück, also das Holz, bewegen die Kinder so, dass die gezeichnete Linie immer durch die Säge geführt wird.**

Nach dem Aussägen schleifen die Kinder ihr Werkstück mit feinem Schleifpapier vorsichtig ab. Sie müssen alle Kanten „brechen", also die scharfen Kanten weicher schleifen, sodass keine Fasern mehr wegstehen und man sich daran verletzen könnte. Die Fläche der Tafel sollte auch mit feinem Schleifpapier abgeschmirgelt werden, damit später die Farbe gut haftet.

Nun können die Kinder den Tafellack auftragen. Lack auf Wasserbasis trocknet schnell und ist umweltfreundlicher. Am besten wird er mit einer Schaumgummiwalze aufgetragen. Weiche, breite Lackpinsel eignen sich ebenfalls. Dabei ist es wichtig, dass die Farbe nicht schon während des Streichens eintrocknet, damit keine dicken Farbspuren stehen bleiben. Die Tafel sollte liegend bestrichen werden und auch beim Trocknen liegen bleiben, sonst entstehen „Farbtränen", wenn überschüssige Farbe hinunterlaufen sollte.

> **Tipp**
> **Es ist sinnvoll, die Tafeln auch auf der Rückseite zu lackieren (evtl. mit einem anderen Lack), um zu vermeiden, dass die Platte sich verzieht oder verbiegt.**

Gemälde auf Holz

Begeben sich die Kinder in das Land der Fantasie, entstehen im Kopf wunderbare Bilder. Sie denken sich Formen, Farben und Wesen aus, die sie für andere auf einem Bild darstellen können. Einfach so auf ein Papier malen, kann ja jeder. Ein Holz-Bild ist aber schon etwas Besonderes.

Das können Sie gut gebrauchen

- zwei unterschiedlich große Holzplatten (im Baumarkt zuschneiden lassen)
- Farben: Dispersions- oder Temperafarbe (weiß oder ocker)
- Wasser zum Verdünnen
- Bilder von Kunstwerken als Anregung (z.B. von Hundertwasser)
- Bleistift, Farbstift oder Kohle
- Gold- oder Silberfarbe
- Glitzerlack

- Holzleim
- Pinsel
- Schraubzwingen
- Bücher
- Bilderhaken
- Nägel

So wird es gemacht

Die Kinder stellen zunächst den Untergrund für ihr Holz-Bild her. Dazu bekommt jedes Kind zwei unterschiedlich große Holzplatten. Die kleinere Holztafel sollte an allen Seiten mindestens 2 cm kleiner sein als die größere Platte. Mit Holzleim kleben die Kinder die Platten aufeinander und pressen sie mindestens eine Stunde mit Schraubzwingen zusammen. Alternativ können sie auch schwere Bücher oder Gegenstände darauflegen.

Kleben die beiden Tafeln fest aufeinander, werden die Kanten und Flächen abgeschliffen. Die Kinder grundieren ihr Bild danach mit einer weißen oder leicht abgetönten Farbe (z.B. mit Ocker). Geeignet ist Dispersions- oder Temperafarbe, die man dafür relativ stark verdünnt. Es reicht, wenn ein matter Film Farbe auf dem Bild zu sehen ist.

Jedes Kind sollte sich gut überlegen, was es malen will, denn später kann man es nicht mehr ändern. Begeben Sie sich gemeinsam auf eine Fantasiereise, und sprechen Sie mit den Kindern über ihre Ideen. Beschäftigen Sie sich auch mit Künstlern, die fantasievolle Bilder gestaltet haben. Beliebt ist bei Kindern z.B.

6+

Gemälde auf Holz

Friedensreich Hundertwasser. Er verwendete ansprechende Farben und Formen und ließ in seinen Bildern genug Platz für die eigene Fantasie.

Nun zeichnen die Kinder mit einem Bleistift, Farbstift oder dünner Kohle leicht vor, was sie später malen möchten. Beim Malen kann der Rand des Bildes miteinbezogen werden. Wer das nicht mag, malt den Rand als Rahmen farbig an.

Nach dem farbigen Gestalten dürfen die Kinder noch besondere Details ausarbeiten. Das geht z.B. mit besonderer Gold- oder Silberfarbe, mit der einige Linien hervorgehoben werden können. Auch Glitzerlack eignet sich sehr gut, damit können die Kinder einzelne Punkte aufsetzen, die dann wie Licht- und Glanzpunkte wirken.
Auf der Rückseite bringen die Kinder mittig einen Bilderhaken an, den sie am besten mit kleinen Nägeln befestigen.

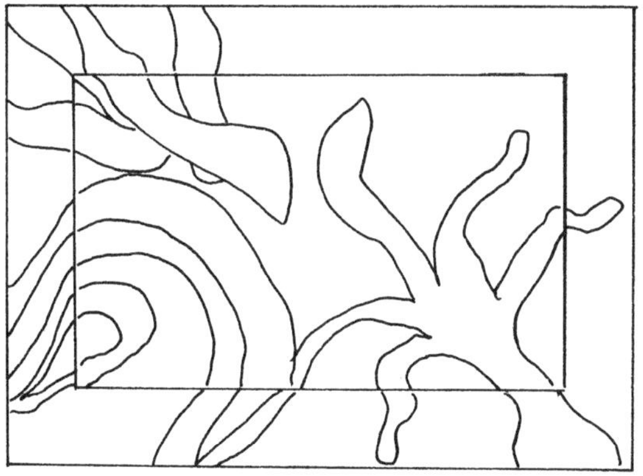

Kratz-Fensterbild

Die Technik des Kratz-Bildes kennen wir alle. Dafür malt man auf ein Papier mehrere Schichten Wachskreide, und für die letzte Schicht verwendet man schwarz.
Diese Technik lässt sich auch auf einem Fenster anwenden. Die bunten Farbschichten fallen weg – dafür gibt es den Blick aus dem Fenster …

Das können Sie gut gebrauchen

- Wasserfarbe
- Fensterscheibe; alternativ: Spiegel oder Glasscheibe eines Wechsel-Bilderrahmens
- helles Papier

- Klebeband
- Pinsel
- Kunststoffkratzer aus dem Wachsmalkreidekasten oder Kunststoffbesteck, Pinselstiel, Holzspatel

So wird es gemacht

Mit Klebeband kleben die Kinder einen Rahmen auf dem Fenster ab, damit das Malfeld begrenzt ist und später noch etwas Licht durchs Fenster fallen kann.

Tipp

Thematisch sollten die Kinder sich vorher gemeinsam über ihre Ideen ausgetauscht haben. Vielleicht ist ja schon seit einiger Zeit „Fantasieland" ein Thema, und die Kinder denken sich nun besondere Muster, Mandalas oder Fabelwesen aus, die sie ans Fenster zeichnen wollen.

Nun malen die Kinder eine gleichmäßige Schicht einer beliebigen Farbe in diesen Rahmen auf das Fenster. Das geht gut mit stark angerührter Wasserfarbe, die sich später auch leicht wieder mit Wasser und Spülmittel entfernen lässt. Die Schicht muss gut trocknen.

Kratz-Fensterbild

Jedes Kind erhält dann eine Art Kratzer. Damit das Fensterglas nicht beschädigt wird, sollte dieser Kratzer nicht scharfkantig und zu hart sein. Geeignet sind z.B. Kinderbestecke aus Kunststoff, Holzspatel, Pinselstiele oder die Kratzer aus dem Wachsmalkasten. Die Kinder kratzen nun vorsichtig ihre Zeichnung in das Bild. Je nach Lichteinfall schimmert später ihr Kunstwerk in anderen Farben.

Tipp

Höchstens zwei Kinder sollten immer gleichzeitig am Bild arbeiten. Es ist sinnvoll, die Kinder vorher darauf aufmerksam zu machen, dass sie nur möglichst kleine Flächen „zeichnen", damit alle Kinder noch etwas Platz haben, die bei diesem Kratz-Fensterbild mitmachen wollen.

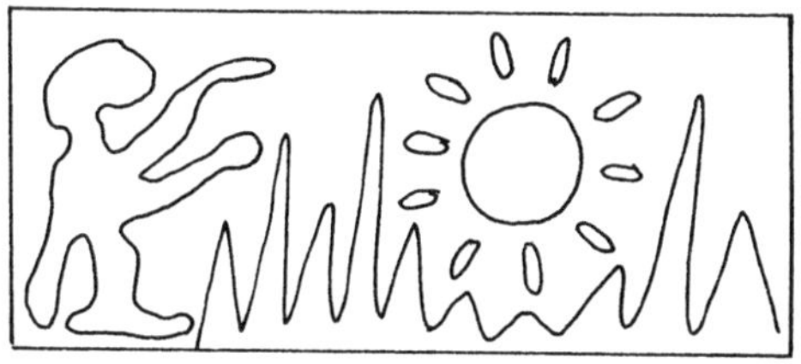

Tipp

Die Kinder sollten wissen, dass sie bei diesem Kratz-Bild nicht „radieren" können. Sollte jedoch ein ganzes Fensterbild misslingen, kann es einfach neu übermalt werden.

Wer lieber keine Fensterscheibe bemalen lassen will, kann auch einen Spiegel verwenden. Hier sehen die Zeichnungen besonders interessant aus, weil sie sich durch die Spiegelung verdoppeln. Auch eine Glasscheibe eines Bilder-Wechselrahmens ist geeignet für diese Technik. Das Glas kann später vors Fenster oder eine Lichtquelle gestellt werden. Oder aber man legt ein helles Papier dahinter, setzt die Scheibe wieder in den Wechselrahmen und hängt ihn auf.

Variante

Diese Technik eignet sich auch sehr gut für eine Weihnachtsdekoration. Gestalten Sie mit den Kindern ein Fenster mit dunkler Farbe (blau, dunkelrot oder schwarz), und lassen Sie sie Sterne, Sternschnuppen, Mond etc. auskratzen.

Literatur- und Internettipps

Literaturtipps

Donath, Uta:
Knete, Ton und Pappmaschee. Modellieren mit Kindern ab 5 J. Christophorus-Verlag, 2005.
ISBN 978-3-8388-3054-4

Kaster, Armin:
Ich kann mich verwandeln! Kunstanregungen, die Fantasie sichtbar machen. Von 5–10 Jahren. Mus-e Edition – Künstler für Kinder.
Verlag an der Ruhr, 2009.
ISBN 978-3-8346-0496-5

Kohl, MaryAnn F.:
Die Kunst-Ideen-Kiste für Kinder. Kreativ experimentieren mit neuen Techniken.
Von 5–10 J. Verlag an der Ruhr, 2005.
ISBN 978-3-8346-0010-3

Kohl, MaryAnn F.:
Mit Kindern kreativ durchs Jahr. Ein Kunst-Ideenbuch. Ab 4 J. Verlag an der Ruhr, 1998.
ISBN 978-3-86072-331-9

Kohl, MaryAnn F.:
Das Kunst-Ideenbuch. Künstlerische Techniken für Kinder. Ab 5 J. Verlag an der Ruhr, 1996.
ISBN 978-3-86072-264-0

Krumbach, Monika:
Meine Welt in Ton. Töpfern mit Kindern und Jugendlichen. Ein praktisches Handbuch für Kindergarten, Schule und Freizeit.
Hanusch, 2004.
ISBN 978-3-936489-10-1

Müller, Gaby:
Kleine Künstler – große Meister.
GroßARTige Kunsterlebnisse für 3- bis 7-Jährige.
Verlag an der Ruhr, 2010.
ISBN 978-3-8346-0633-4

Nemeshaeva, Ekatarina:
Basteln, staunen und entdecken.
Bunter Bastelspaß für Kinder ab 3 Jahren.
Frech, 2009.
ISBN 978-3-7724-5629-9

o. Autor:
Die ganze Welt des Wissens. Mensch, Natur, Technik. Ab 5 J. Loewe Verlag, 2008.
ISBN 978-3-7855-6216-1

Scholz, Karin:
Kunst für Kinder. Reise durch die Geschichte der Kunst – Ein Werkbuch für den Elementarbereich. Verlag modernes lernen, 2009.
ISBN 978-3-938187-60-9

Täubner, Armin:
Tapfere Ritter. Kinderleichtes Basteln mit vielen Spielideen. Mit Vorlagenbogen.
Frech, 2009.
ISBN 978-3-7724-5818-7

Werner, Viola:
Meine Farben tanzen! Kinder-Kunstideen mit Bewegung. Mus-e Edition – Künstler für Kinder.
Von 6–10 J. Verlag an der Ruhr, 2010.
ISBN 978-3-8346-0555-9

Internettipp

www.remida.de
Das Umwelt- und Recycling-Zentrum Remida bietet Einrichtungen für die kreative Arbeit mit Kindern einen reichen Fundus an interessanten, originellen und ungiftigen Materialien aus Industrie, Handel, Handwerk und Gewerbe gegen eine geringe Jahresnutzungsgebühr.

Die in diesem Werk angegebene Internetadresse haben wir geprüft (Stand Mai 2010). Da sich Internetadressen und deren Inhalte schnell verändern können, ist nicht auszuschließen, dass unter einer Adresse inzwischen ein ganz anderer Inhalt angeboten wird. Wir können daher für die angegebenen Internetseiten keine Verantwortung übernehmen.

Verlag an der Ruhr

Postfach 10 22 51
45422 Mülheim an der Ruhr

Telefon 05 21 / 97 19 330
Fax 05 21 / 97 19 137

bestellung@cvk.de
www.verlagruhr.de

Es gelten die Preise auf unserer Internetseite.

Jederzeit Mathezeit!
Das Praxisbuch zur mathematischen Frühförderung in der Kita
Antje Bostelmann (Hrsg.), Klax gGmbH
3–6 J., 105 S., A4, Paperback, vierfarbig
ISBN 978-3-8346-0477-4
Best.-Nr. 60477
19,80 € (D)/20,35 € (A)/34,70 CHF

Jeder Tag ist Sprachlerntag!
Das Praxisbuch zur Sprachförderung in der Kita
Antje Bostelmann (Hrsg.), Klax gGmbH
3–6 J., 97 S., A4, Paperback, vierfarbig
ISBN 978-3-8346-0476-7
Best.-Nr. 60476
19,80 € (D)/20,35 € (A)/34,70 CHF

Der Wald ist voller Wörter
Ganzheitliche Sprachförderung in der Natur
Michael Godau
3–7 J., 94 S., A4, Paperback, vierfarbig
ISBN 978-3-8346-0537-5
Best.-Nr. 60537
19,80 € (D)/20,35 € (A)/34,70 CHF

Jetzt machen wir Musik!
Ausgearbeitete Stunden zur musikalischen Früherziehung
Manon Sander
4–7 J., 87 S., 16 x 23 cm, Spiralbindung, mit Audio-CD
ISBN 978-3-8346-0590-0
Best.-Nr. 60590
18,50 € (D)/19,– € (A)/32,40 CHF

Mit Musik durchs Kita-Jahr!
Lieder, Tänze, Klanggeschichten
Kati Breuer
3–6 J., 127 S., 16 x 23 cm, Paperback, CD
ISBN 978-3-8346-0629-7
Best.-Nr. 60629
19,80 € (D)/20,35 € (A)/34,70 CHF

Waldwerkeln und Waldgeschichten
Basteleien, Texte, Lieder und Spiele
Björn Geitmann
4–8 J., 160 S., 16 x 23 cm, Spiralbindung
ISBN 978-3-8346-0320-3
Best.-Nr. 60320
19,50 € (D)/20,– € (A)/34,20 CHF

Kleine Künstler – große Meister
GroßARTige Kunsterlebnisse für 3- bis 7-Jährige
Gaby Müller
3–7 J., 71 S., A4, Paperback, vierfarbig, 15 farbige Poster, DIN A4
ISBN 978-3-8346-0633-4
Best.-Nr. 60633
24,50 € (D)/25,– € (A)/42,– CHF

Keiner darf zurückbleiben